信息技术支持教育实践的具身转向

理论思考与实践进路

王美倩 著

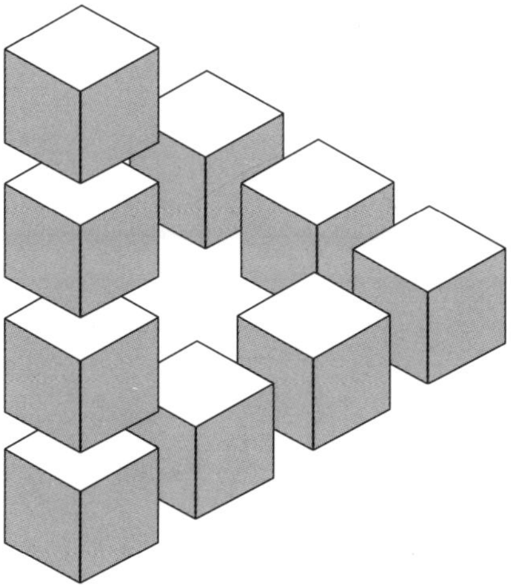

U0952134

中国轻工业出版社

图书在版编目（CIP）数据

信息技术支持教育实践的具身转向：理论思考与实践进路 / 王美倩著. -- 北京：中国轻工业出版社，2025. 8. -- ISBN 978-7-5184-5579-9

Ⅰ. G43

中国国家版本馆CIP数据核字第2025KK4781号

责任编辑：李寅寅

策划编辑：崔丽娜　　责任终审：许春英　　封面设计：锋尚设计

版式设计：砚祥志远　　责任校对：刘小透　晋　洁　　责任监印：张　可

出版发行：中国轻工业出版社（北京鲁谷东街5号，邮编：100040）

印　　刷：北京君升印刷有限公司

经　　销：各地新华书店

版　　次：2025年8月第1版第1次印刷

开　　本：710×1000　1/16　印张：9

字　　数：200千字

书　　号：ISBN 978-7-5184-5579-9　定价：69.00元

邮购电话：010-85119873

发行电话：010-85119832　010-85119912

网　　址：http://www.chlip.com.cn

Email：club@chlip.com.cn

版权所有　侵权必究

如发现图书残缺请与我社邮购联系调换

240492K6X101ZBW

前言

数字化生存时代，“信息技术对教育发展具有革命性影响”的观念已成共识，但历史经验和现实观感却令人困惑。技术变革教育的效果不彰在很大程度上源于人们对教育的本质认识不深，在理论上没有把握好认知科学与教育实践的关系，在实践中没有正确处理好技术与人、技术与教育的关系。

本书基于对现实的深入思考和对文献的广泛研究，对教育中认知科学的发展历程及其推动的教育实践进行了深刻的历史与文化批判，并结合人工智能的发展对信息技术推动教育具身何以可能进行了具体分析，由此确立了具身的学习观、课程观和教学观。本书最后以具身学习（embodied learning）为例，探究了不同技术支持的具身交互（embodied interaction）对学习者科学概念习得的影响，结论如下。

第一，具身认知（embodied cognition）突破了标准认知科学（standard cognitive science）在身心关系、认知模式、心智建构等方面的局限。在身心关系上，具身认知建立了主客一体、身心一体的认识论；在认知模式上，提出了基于“模拟—复现”过程的认知模式；在心智建构上，形成了基于动力系统理论的有机整体生成法。正是在身心关系、认知模式和心智建构等方面的突破，具身认知构建了一种与标准认知科学不同的认知科学体系。

第二，教育是一种主要以认知科学为引领的信息型实践，正经历着由离身向具身的转变。信息技术普遍而深入的应用让人类社会生活在传统“物质-能量型实践”的基础上日益走向“信息型实践”。受认知科学的影响，教育的实践观分为由标准认知科学主导的离身教育实践观和由具身认知科学主导的具身教育实践观。前者将教育实践视为一种离身的精神训练；后者将教育实践视为一种具身的经验建构，强调教育要回归人的身体及其所处的生活世界。

第三，人工智能作为新一代认知科学与教育技术一体化发展的结晶，在推进教育实践的具身转变上发挥着革命性作用。人工智能的发展经历了符号型人工智能（symbolic AI）向具身型人工智能（embodied AI）转变的两个阶段。具身型人工智能不仅推动了教育的身体回归，还为人的主体性弘扬创造了条件，实现了从身体延伸到技术赋能的跨越。推进教育领域基础科学与技术创新的双向赋能，是实现人与教育双向度发展的重要路径。

第四，在以具身认知为代表的第二代认知科学（second-generation cognitive science）和以人工智能为代表的新一代信息技术的支持下，教育通过学习、课程和教学的具身走向了实践的具身。其中，具身学习的设计应促进认知之物理、生理和心理过程耦合性交互的系统循环，助力学习者身体、心灵和学习环境之互利共生的彼此建构。具身课程（embodied curriculum）的构建不仅需要回归现实生活世界，还需要引入具身的经验和整合技术的功能。具身教学的设计需要遵循情境性原则、交互性原则和生成性原则。

第五，具身认知科学和人工智能技术的快速发展，为教学交互向以身体信号为中介的具身交互转变和培育学习者的全脑思维奠定了基础。学习是一个从动手到动脑再到动心的过程。从具身交互的视角来看，动手主要表现为人与技术具身关系支持的在场互动；动脑主要表现为“感觉—运动”特异性模拟支持的隐喻互动；动心则体现在手脑并用支持的认知与实践的持续对话。动手与动脑的交织造就了“会思考的手”与“能动手的脑”，而要想使学习走向动心，则必须让学习者在动手与动脑的协调转化中体验到创作之妙、学习之美。

第六，不同技术支持的具身交互对学习者科学概念的习得效果具有不同影响。以数字技术支持的数字游戏和实体技术支持的实体游戏为例，数字技术支持下的游戏学习在增强自我效能方面优于实体技术支持下的游戏学习，但在提高学习成绩、调节认知负荷和维持专注度等方面却不如实体技术支持下的游戏学习。探讨数字技术和实体技术支持下具身交互对学习者认知过程与结果的影响，不仅要关注技术工具的物理操作，还要关注技术工具如何影响学习者的心理操作能力。人工智能的发展为数字技术和实体技术的融合提供了良好契机，它将通过支持多模态具身交互的设计，实现学习者学习绩效的提升。

王美倩

2025年2月

目录

第一章

从离身到具身：经典认知研究的局限与具身认知的突破

第二章
智能时代教育实践的具身转向

第三章
人工智能推动教育具身何以可能

第四章 具身教育的学习观、课程观与教学观

第五章 教学交互的具身转向与学习的三重境界

第六章

实践探索：技术支持的具身交互及其教学应用

01

第一章

从离身到具身：经典认知研究的局限与具身认知的突破

自认知科学兴起后，其发展经历了从离身认知（disembodied cognition）到具身认知的转变。离身认知又被称为第一代认知科学（first-generation cognitive science），或称传统认知科学或标准认知科学①。它是以“心智是符号的且认知过程是算法的，思维是无身的和抽象的，心智限于有意识的觉知，思维是直义的且适合用逻辑来建模”为四大基本假设②。基于这些基本假设，研究者们从计算主义（computationalism）、联结主义（connectionism）和生态主义（ecologism）等视角对心智的活动过程和工作机制做了多方面的探索，但皆因未将身体纳入认知研究的基本范畴而最终陷入发展困境。在此背景下，强调身体、心灵和环境的交互作用的具身认知理论对标准认知科学发起了挑战，标准认知科学坚持的“身心二元论”思想、“表征—计算”模式和“机械线性组织”原则被具身认知理论所倡导的“身心一体论”思想、“模拟—复现”模式和“有机整体生成”原则所超越。

第一节 离身的认知：经典认知研究的认识论及其局限性

认识论问题是认知科学的基本问题。这个问题分为两个层面。第一个层面是指认识论是一个认知科学关注的问题，因为认知科学研究的是认知，因此与认知具有非常密切关系的认识论便成为哲学层面上认知科学对认知进行思考与探索的基本形式。第二个层面是指认知科学作为一门科学所持的认识论立场，即认知科学的科学认识论问题。任何一门科学都有自己的认识论立场，认知科学自然也不例外。认识论是哲学的一个分支，它关注的是知识的本质、结构及缘起。传统上，哲学家关注的认识论的主要议题就是对知识的概念进行分析。就科学认识论来说，就是要澄清科学家对科学所持的基本

① LAKOFF G, JOHNSON M. Philosophy in the flesh: the embodied mind and its challenge to western thought [M]. New York: Basic Books, 1999.

② 劳伦斯·夏皮罗. 具身认知[M]. 李恒威，董达，译. 北京：华夏出版社，2014：101-102.

信念。但是，认知科学的发展已经在一定程度上改变了认识论的这种传统路向，推动着人们对认识论进行重新概念化，认为对各种认识论议题的考察应该把知识表征的结构与组织也纳入进来。所谓知识表征，即如何以某种方式对知识体系进行重现，以使其可以流动起来，进而为行为提供指南，并促进理解及产出语言。这在很大程度上是受到了人工智能的影响。人工智能对认知科学来说具有非常核心的价值，因为它不但实现了认知运算模型的具体化，而且还发挥着对其进行检验与测试的作用①。

一、身心二分的认识论：从“动物”隐喻到“机器”隐喻

学习研究自20世纪心理学家转向研究以来，先后经历了多重范式转变，先是行为主义把人类的学习还原为动物的学习，建立了学习的“动物”隐喻，其后是认知主义把人类的学习还原为机器的学习，建立了学习的“机器”隐喻。认知主义取向的学习研究与行为主义取向的学习研究相比，突破了无视人类学习的复杂性，仅仅关注外显行为塑造的基本机制，而不注重考察其内部动态变化的心理过程的局限，开辟了学习研究的新天地，特别是在一定程度上打开了人类学习的主要器官——大脑——这一黑箱，建立了发生在大脑内部的高度复杂的认知加工过程。这和行为主义取向的学习研究相比，显然是巨大的进步。但从根本上讲，认知主义取向的学习研究与行为主义取向的学习研究在根本的科学认识论与方法论上是一致的，不管是学习的“动物”隐喻，还是学习的“机器”隐喻，背后隐藏的都是机械的认识论与方法论，在本质上都没有把拥有“自由意志”的人视为一个有生命，特别是有意识的实体，而仅仅把其视为经典自然科学意义上的无生命的物质对象。

与教育相关的经典认知研究在基本的科学认识论上和传统意义上的认知科学所坚持的认识论立场是高度一致的。传统的认知主义追求的是建立一种有关心理的理论以及相应的方法，它主要是20世纪后半叶发端的尚未摆脱机械论的经典控制论、新兴的计算机科学，尤其是人工智能、具有浓厚基础研究色彩的神经科学、从行为主义心理学中反叛出来的认知心理学、美国哲学

① CHASE C H. Cognitive science: an introduction[M]. Cambridge Mass: MIT Press, 1995: 368.

家乔姆斯基（Noam Chomsky）开创的心理语言学以及哲学等多学科领域共同汇聚并不断走向融合的结果。尽管我们不能说，上述这些领域拥有一个共同的目标，即揭示人类心理的本质并创造能够揭示人类心理本质的新方法，但一个显而易见的事实是：在上述这些领域内，大多数学者都对破解人类心理的奥秘有着非常浓厚的兴趣，而且时刻关注着彼此之间在这一问题上取得的进展与发现，并能够为己所用。

实际上，能够把这些来自不同领域的学者聚在一起的，就是这样一种基本假设，即人类的心理可以被比拟为一台高速运转而且非常精密的智能机器，这些领域携手合作的目标就是为人类心理这一复杂机器的工作机制建立一套描述，这种描述在很大程度上就像我们描述计算机是如何工作的一样，因此它又可以被称为人类心理的计算机化描述。从这种视角出发，我们就可以发现，认知主义视野中的心理过程（比如问题解决、感知、记忆、理解等）都是一个计算机化的过程；心理对象（比如信念等）都是对通过某种结构对心理内容进行的符号化表征。也正是在这一意义上，我们才能够理解，为什么认知取向的学习研究与行为取向的认知研究相比，更加热衷于模型建构，为什么建模成为认知取向的学习研究者们热衷采取的思想方法。

美国哲学家、认知科学家埃克哈特（Barbara Von Eckardt）曾经指出，认知主义体现出来的这种对人类心理进行计算机化描述的特征具有非常显著而且显在的“计算机隐喻”的特征[①]。而在这种计算机隐喻背后，隐藏的正是机械论的认识论假设。在认知主义看来，心理过程是一个计算机化的机械过程，而心理对象就是这一计算机化的机械过程操作的一些符号化的结构。把认知视为符号操作，是认知研究的基本观念。比如，认知研究的代表人物纽厄尔（Allen Newell）和西蒙（Herbert Simon）就曾经指出：“在主体皮肤下发生的各种过程，涉及感觉器官、神经组织、神经讯号控制的肌肉运动等，同时也是一些符号操作过程；也就是说，借助于这一系统的机制，可以对各种各样编码中的模式进行探测、记录、转换、存储、复制，如此，

① VON ECKARDT B. What is cognitive science?[M]. Cambridge Mass：MIT Press，1995：16.

等等”[①]。

二、认知的离身：认知研究之“机器”隐喻的认识论局限

如果说在本体论与认识论的层面上，经典认知研究坚持的是机械论的自然观，那么在方法论的层面上，认知主义则把认知，包括感知在内，作为一个构造性的过程来对待的，并认为正是在这一构造性过程中，各种计算机化的操作把一个静态的表征转化到目标状态。由于认知开始于表征的输入，因此心理主体就可以被视为一个消极被动的信息接收器。这一点在有关感知的研究中体现得尤为明显。有很多学者都曾经指出，认知主义对人类心理的研究在方法学上存在着唯我论的问题，即不但把人类的心理活动简化为计算机化的过程，而且还认为所有这些计算机化的过程都是发生在人类大脑里面的，因此对人类心理的考察仅仅是关注人的大脑，而不管其他方面[②]。但事实上，人的心理是一个统一且不可分割的复杂整体，尽管大脑是人类心理的主要器官，但显然并不是参与心理活动的唯一器官。另外，人的认知并不仅仅是一种发生在大脑内部或神经系统内部的生物物理过程，它和人所处的外部环境以及人的肉身之间的交互本身也是认知的一部分。但经典认知研究却没有注意到这一点，或者说从其科学认识论立场出发，不愿意承认这一点。从某种意义上说，建立在“机器”隐喻这一基础之上的经典认知研究建立的是一种离身的认知理论，即这种理论解释的是离身的认知。

按照密歇根大学计算机科学与工程系教授基拉斯（David E. Kieras）和密歇根大学心理学系教授迈耶（David E. Meyer）的说法，经典认知研究构建的理论是一种离身的认知理论，即对离身的认知作出的理论解释[③]。离身的

① NEWELL A, SIMON H A. Computer simulation of human thinking[J]. Science, 1961, 134 (3495): 2011-2017.

② FODOR J A. Methodological solipsism considered as a research strategy in cognitive psychology[J]. Behavioral and Brain Sciences, 1980, 3 (1): 63-73.

③ KIERAS D E, MEYER D E. The EPIC architecture for modeling human information-processing: a brief introduction[R]. Ann Arbor, University of Michigan, Department of Electrical Engineering and Computer Science. 1994.

认知研究有一个基本假设，那就是认知实质上就是有机体在感觉运动系统内部对信息进行的表征，对这种表征的另外一种解释就是信息加工。按照离身的认知观点，表征都是符号化的，都是抽象的，而且就其自身来说，与感觉和运动信息不仅在性质上有所区别，而且是完全与感觉和运动信息分离的[①]。在离身的认知观点看来，认知加工的输出必须在某种加工水平上被打包进行处理，转换成一种神经系统可以读取的格式，只有这样神经系统才能唤醒身体。这一理论观点显然是建立在“身心二分”这一根深蒂固的笛卡尔理性主义传统的基础之上的。认知被完全视为心理独有的功能，而身体并不参与认知，它仅仅扮演着一个机械的执行者的角色。从这一视角出发，我们可以认为，当心理在进行认知时，身体被认为是“沉睡”着的。但事实上，认知过程中，运动系统的激活并不仅仅是一个巴甫洛夫式的过程。近年来，来自神经心理学的基础研究已经证明了这一点[②]，从而否定了认知的离身性质。

对离身的认知进行理论解释的经典认知研究在很多领域和境脉中都可以展现出强大的理论解释能力，但在面对现实生活的经验世界中展开的人与环境融为一体且境脉高度复杂的认知时往往就无能为力了。就关于认知研究最具有影响力的理论模型ACT-R来说，其在诸多领域内都得到了非常成功的应用，有力地解释了人类的高级认知活动。但按照人机交互的标准，ACT-R强大的解释能力却消失了。美国著名认知心理学家安德森（John R. Anderson）等指出其原因在于：这一模型忽视了很多细节，而作为主体的人在与外部环境进行交互时，正是通过这些细节完成的，对ACT-R的所有应用，不管是在实验室境脉中，还是在课堂境脉中，都涉及人对计算机屏幕的阅读以及对键盘和鼠标的操作，但经典认知研究却没有任何一种理论能够对这种输入和输

① MAHON B Z, CARAMAZZA A. A critical look at the embodied cognition hypothesis and a new proposal for grounding conceptual content[J]. Journal of Physiology-Paris, 2008, 102（1）: 59-70.

② BOULENGER V, ROY A C, PAULIGNAN Y, et al. Cross-talk between language processes and overt motor behavior in the first 200 msec of processing[J]. Journal of Cognitive Neuroscience, 2006, 18（10）: 1607-1615.

出究竟是如何发生的作出理论解释[①]。

经典认知研究建立的离身认知理论，当应用于高度复杂的教育实践时，同样也面临着解释与预测能力不足的问题，更罔论其基于解释与预测进一步改进教育实践了。就认知研究对教育实践的影响与贡献来说，尽管20世纪60年代美国著名心理学家、教育家布鲁纳（Jerome S. Bruner）领导的课程教学改革运动建立在认知主义心理学的理论基础之上，在一定程度上推动了教育实践的科学基础从行为主义向认知主义的转移，但认知研究对于教育的影响究竟如何，却是一个长期争论不休的话题。在谈到认知研究与教育实践的关系时，美国学者涅米（David Niemi）就曾经指出，教学有时候被视为一种艺术，而研究认知的认知科学却不然，它是一门科学，关注的是心理及其错综复杂的结构与操作[②]。这是两种不同的文化，一种是人文的文化，一种是科学的文化，而科学与人文这两种文化的对立，英国科学家斯诺（Charles P. Snow）早在20世纪50年代就已经深刻地揭示过。这两种文化的对立是三百年工业文明导致的结果，几乎遍及人类社会生活的各个领域，要想在教育领域内实现二者之间的融合，谈何容易。

因此，尽管从理论上看，认知科学对人类心理尤其是认知过程的揭示对教育教学实践走向科学化的推动作用应该是肯定的，事实上，在过去的近百年时间里，教育工作者与研究人员一直在努力地把心理学的原理应用于教育实践，并掀起了一场又一场声势浩大的教育科学化运动，但迄今为止，都还没有明确的证据可以证明这场运动取得了成功，甚至有的学者还认为心理学理论的应用甚至还给教育实践带来了灾难[③]。知名的人工智能专家、认知科学家尚克（Roger Schank）也曾经对此进行了批评，他说："我对学习了解得越多，就越意识到学校教育的一整套做法从根本上都是错误的。当我发

① ANDERSON J R，MATESSA M，LEBIERE C. ACT-R：a theory of higher level cognition and its relation to visual attention[J]. Human-Computer Interaction，1997，12（4）：439-462.

② NIEMI D. Cognitive science，expert-novice research，and performance assessment[J]. Theory into Practice，1997，36（4）：239-246.

③ COLE N S. Conceptions of educational achievement[J]. Educational Researcher，1990，19（3）：2-7.

现自己的孩子在学校的泥淖中艰难跋涉时，感到非常震惊。我发现孩子开始憎恶学校……”[①]行为主义心理学原理在教育实践中的应用导致了把人视为动物的这种非人化倾向，而认知主义心理学原理在教育实践中的应用则导致了把人视为机器的问题，这同样也是一种非人化倾向。之所以如此，归根结底在于它们在学习研究上建立的动物隐喻以及机器隐喻，而在这些隐喻背后潜藏着的则是机械的自然观、身心二分与主客二分的认识论以及由此导致的分析还原的方法论。站在教育的立场上来看，认知研究要想真正走进教育并改进它，首要的是改变自己，尤其是改变自己的认识论，进而摆脱离身的理论预设。

三、经典认知研究的本体论承诺与方法学实践

美国威斯康星大学麦迪逊分校的哲学教授夏皮罗（Lawrence Shapiro）曾经把经典认知研究称为标准认知科学，并认为标准认知科学的研究范畴显然是有着非常明确的限定，那就是在唯我论的信仰下，只关注感知、记忆、注意、语言、问题解决以及学习等。标准认知科学的本体论承诺是：认知是对符号标准进行处理的算术过程。认知科学家使用标准化的方法学实践，以解释这些算术过程及符号标准的特征，如反应时实验、再认实验等。这些都是标准认知科学采取的研究模式，而且这些研究模式都是在实验室条件下进行的，即其实施都是以对人类心理的复杂性进行简单化处理为前提。

传统认知主义的认识论观点最集中地体现在对知识的认识上。在持经典立场的认知科学家看来，知识是外在于人的客观存在，它可以通过某种符号进行表征，这样一来，就可以在人类大脑中得到加工与处理。在这种知识观背后，是由法国哲学家笛卡尔奠定的二元论的世界观与机械论的自然观，其最为经典的表述即笛卡尔广为认知的“我思故我在”五字箴言。对于经典认知研究来说，这意味着身心二分是“我思”的基础与前提，主客二分则是实

① 郑旭东.学习研究新学科创建的辉煌历程——学习科学成功之道探秘[J].开放教育研究，2011（1）：42-50.

现“我在”的不二法门。也正是在这一认识论基础上，经典认知研究才建立了人类心理就是对抽象的符号表征进行形式化加工的基本预设。

经典认知研究的本体论承诺由两大核心部分构成[①]：一是二元论，即身体和心灵是两种截然不同的东西，任何一个都可以不依赖另一个而存在。从实体层面来看，二元论表现为物质实体和心灵实体的对立；从属性层面来看，是物质的属性“广延”和心灵的属性“思维”的对立。二是原子论，它包括两重含义：一方面，身体和心灵之间存在绝对的不可还原性，无论是从实体层面还是属性层面，对立的各方都不能还原为另一方；另一方面，认知是一种纯粹的心灵活动，即认知的基本单元或基础认知实体（the basic cognitive entity）是一种处于特定状态的心灵的东西。

经典认知研究将世界分解为脱离情境的（context-free）数据，而且所有的数据值是一样的，以便让大脑像计算机一样处理它们。这种“关于世界可以全部分解为无关于上下文情境的等值数据或原子事实的假想，可谓是认知研究及整个哲学传统中隐藏得最深的假想——本体论假想[②]”。计算机科学家明斯基（Marvin Lee Minsky）认为这种本体论假设源于我们的文化习惯：“我们的文化习惯一直认为，智能存在于某种清晰、独立的元素之中，它可以被称为意识、理解、洞察力、格式塔，或者其他随便什么……专家（智能发达者）解决问题的能力，一方面与其自身具备的知识结构密切相关，另一方面与其启用知识结构的方法紧密关联，二者不可分割。[③]”

美国计算机专家、神经科学家德雷弗斯（Stuart Dreyfus）则认为，人

① HARRE R. Berkeleyan arguments and the ontology of cognitive science[M]//JOHNSON D M, ERNELING C E. The future of the cognitive revolution. New York: Oxford University Press, 1997: 335-352.

② DEPRAZ N, GALLAGHER S. Phenomenology and the cognitive sciences: Editorial introduction[J]. Phenomenology and the Cognitive Sciences, 2002, 1 (1): 1-6.

③ DREYFUS H L, DREYFUS S E. From socrates to expert systems: the limits of calculative rationality [M]// MITCHAM C. Philosophy and technology II: information technology and computers in theory and practice. New York: Springer Science & Business Media, 1986: 111-130.

的知识不能分解为明斯基所认为的明晰元素，并指出认知涉及的不是单个元素，而是人生活在其中的整个环境。例如，要把一个事物当作一把椅子识别出来，就必须理解椅子与其他事物及人之间的关系。德雷弗斯甚至提出，哲学家维特根斯坦（Ludwig Wittgenstein）的逻辑原子论思想更能阐释经典认知研究的本体论假设，即用一些可表达为逻辑独立命题的原子事实来定义世界。然而，这就意味着世界必须表征为由非对即错的事实或命题组成的结构化系列，换句话说，世界中的一切存在都必须是确定无疑的。这种表征主义思想遭到了德国哲学家海德格尔（Martin Heidegger）和法国哲学家梅洛–庞蒂（Maurice Merleau–Ponty）等现象学家的强烈反对。

20世纪80年代以来，人们对认知的本质有了更多的思考，尤其是伴随着20世纪50年代以后哲学研究在对与人类心理有关的终极问题的追问上不断取得的成果，在包括人工智能在内的多学科领域内，都出现了对认知的认知进行重新审视的趋势。越来越多的人认为绝大多数真实的思维活动都是发生在非常特殊而且通常都极为复杂的环境之中的，都是为了实现某种特定的实践目的，都涉及与外部环境的复杂交互以及对外部对象的多种操纵，而不是像经典认知研究所认为的那样，仅仅是只具有逻辑意义而远离社会生活的对抽象符号表征的形式化运算。

英国认知科学家克拉克（Andy Clark）早在1999年便指出："在过去的10年时间里，我们已经见证了在认知科学领域内这样一种研究兴趣的日益增长，即更加关注那些与肉身、本地环境相关的议题，更加关注神经系统与其发挥功能所处的更加广阔的外部世界错综复杂的相互作用关系。"然而，他同时也指出："还有很多问题没有得到回答，我们还没有真正建立起来一门物理具身、环境具身的心理科学。[①]"他进一步讨论了如何创建一门具身的认知科学，提出具身认知科学的打造存在着两种不同的路向：一种是采取简单化处理的方式，这种方式和经典认知科学采取的分析还原的思想方法是一致的，在这种路向中，肉身与环境的各种属性仅仅把描述的焦点局限于内部组

---

① CLARK A. An embodied cognitive science?[J]. Trends in Cognitive Sciences, 1999, 3(9): 345-351.

织与过程处理上。另一种是更加激进的路向，在这种路向中，对肉身及环境的各种特性给予关注，意味着认知科学在内容以及理论框架上的双重改变，这种改变显然首先需要在科学认识论上实现重大突破[①]。

越来越多的学者意识到，人的认知具有高度的具身性质，是一种具有非常显著的情境化特征的活动。这种认识显然突破了经典认知研究坚持的来自笛卡尔的二元论。众所周知，笛卡尔是建立身心二元论最重要的学者。笛卡尔坚持认为，尽管对身体和心理进行二元区分是概念上的——这种区分也是本体论意义上的区分，但身体与心理还是形成了一个经验的统一实体。经典认知研究在哲学认识论上从笛卡尔那里继承下来的是这样一种对世界进行思考的方式，特别是这样一种认识世界的认识论，而且这种思考方式与认识论还为这一本体论立场提供着支持与强化。笛卡尔最著名的本体论就是，那些被认为是真理的知识最先是通过身体的感官输入进来的，但要想确保这些知识的真理性，却又不得不把人的身体排除在外。从这一意义上来说，对于笛卡尔哲学而言，身体既是认识必需的，同时又是确保认知的真理性而必须被排除的[②]。正是这种矛盾状况推动着身体与心理二者之间的分离。

第二节　具身的认知：立场、观点及假设

具身认知研究试图摆脱笛卡尔意义上的“我思故我在”这一认知隐喻，不愿站在机械论的立场上把认知简单地还原为计算机化的机械过程，转而采取一种有机论的立场，不但把人的心理视为一个统一的不可分割的整体，而且还认为人类认知，乃至于心理活动的展开实质上是肉身、心理与外部世界持续交互的过程，并把关注的焦点放在揭示肉身对有机体认知方式和认知内容的影响上。具身认知坚持以下三个与经典认知研究不同甚至是截然相反

① CLARK A. An embodied cognitive science?[J]. Trends in Cognitive Sciences, 1999, 3(9): 345-351.

② ANDERSON M L. Embodied cognition: a field guide[J]. Artificial Intelligence, 2003, 149(1): 91-130.

的基本立场：第一，经典认知研究认为认知过程中的一个个步骤其实就是符号表征进行的操纵，而具身认知则认为认知过程中的这些步骤源于肉身的物理属性；第二，经典认知研究把认知作为仅仅只是发生在大脑里的活动，而且是孤立于身体及环境而运作的，但具身认知认为在对认知的内容进行说明时，需要诉诸对包括大脑在内的肉身本质的认识；第三，经典认知研究认为认知开始于输入神经受到的刺激，终结于向输出神经发送的讯号，而具身认知则认为认知过程或认知状态可能还延展于有机体生存的环境之中①。这三个立场有一个共同的目标追求，那就是提升身体在对各种各样的认知能力进行解释的过程中具有的重要性。

作为一种新的认知研究纲领，具身认知的视野更为开阔，无论是关注的心理内容、本体论承诺还是在方法学实践上都远远超越了经典意义上的认知研究。具身认知关注的范畴与经典认知研究有交叉，对经典认知研究有继承，但同时也有很大的突破，把那些经典认知研究不那么关注的心理现象也作为合法的研究对象。正是由于其在心理研究疆域上的持续拓展，促使其在本体论承诺与方法学实践上也必须做出改变。夏皮罗认为，与经典认知研究相比，具身认知在研究内容、本体论承诺及方法学实践三者之间的联系上不仅更长而且更为松散。从这一意义上来说，具身认知作为一种研究纲领，拥有围绕在内核周围的更为强大的保护带，拥有更多的辅助性假设，因此在对人类心理的奥秘进行探索与揭示的过程中也拥有更加强大的解释能力。

一、从朴素到激进：具身认知研究的连续统②

由于不同学者拥有不同的学术信仰与学术观点，致使在具身认知的研究阵营中，出现了三种不同的学术立场：朴素的具身认知（simple embodied

① SHAPIRO L. The embodied cognition research programme[J]. Philosophy Compass, 2007, 2(2): 338-346.

② 此处的“连续统”指具身认知研究领域中不同理论或观点构成的一个连续性的谱系。它强调从“朴素的具身认知”到“激进的具身认知”之间存在渐进的、无明确界限的过渡。——编者注

cognition）、激进的具身认知（radical embodied cognition）以及介于二者之间的中立的具身认知（neutral embodied cognition）[①②]。

❶ 朴素的具身认知

朴素的具身认知立场最早见诸一些视觉研究中，加利福尼亚大学尔湾分校计算机科学教授巴拉德（Dana H. Ballard）在研究生物视觉（animate vision）时发现，视觉加工过程是一个动态变化的过程，只有在视觉环境足够稳定时，相应行为才能按要求执行[③]。后来，巴拉德在研究具身认知的意象性编码（deictic code）时，进一步证实了环境在人类认知过程中扮演着重要角色——主体的认知活动必须涉及其与环境的交互作用，这也意味着人类身体的特定形式成为界定认知行为许多方面的重要限制条件[④]。因此，朴素的具身认知承认身体尤其是感觉运动系统在认知过程中发挥着不可或缺的作用，并主张通过利用"局部表征"（local representation）、"行动–导向表征"（action-oriented representation）和"认知行动"（epistemic action）来降低问题解决或任务完成中计算的复杂性。首先，"局部表征"是指对给定的任务提供更简单的环境支持并简化分类程序，因此有效的局部表征有助于节省很多对物体分类所需的计算[⑤]。其次，"行动–导向表征"即以行动为导向的表征，它表征的是世界以及与特定环境相关的行动，有助于节省推断信息价值和行动恰当性所需的计算[⑥]。最后，"认知行动"是指寻求问题解决或任务完成方案的行动，它有助于降低表征的复杂性从而减少行动过程中搜

---

① CLARK A. An Embodied cognitive science?[J]. Trends in Cognitive Sciences, 1999, 3（9）: 345-351.

② MARKMAN A B, DIETRICH E. Extending the classical view of representation[J]. Trends in Cognitive Sciences, 2000, 4（12）: 470-475.

③ BALLARD D H. Animate vision[J]. Artificial Intelligence, 1991, 48（1）: 57-86.

④ BALLARD D H, HAYHOE M M, POOK P K, et al. Deictic codes for the embodiment of cognition[J]. Behavioral and Brain Sciences, 1997, 20（4）: 723-742.

⑤ CLARK A. Being there: putting brain, body and world together again[M]. Cambridge Mass: MIT Press, 1997: 150.

⑥ CLARK A. Being there: putting brain, body and world together again[M]. Cambridge Mass: MIT Press, 1997: 153-157.

索行动策略所需的计算[①]。虽然朴素的具身认知开始关注身体和环境在认知活动过程中所起的作用，但仍然呈现出严重依赖内部表征、计算转换和抽象的数据结构等特点，其对身体、环境和行为的关注仅被视为一种获得内部数据结构和操作权限的方法与工具。

❷ 激进的具身认知

激进的具身认知理论认为：（1）标准认知科学中抽象符号、内部表征和转换计算等观点是不充分且没有必要的，应予以抛弃；（2）要理解脑、身体和环境之间复杂的相互作用，需要诉诸新的分析方法和工具，如动力系统理论（Dynamical Systems Theory，DST）；（3）将认知体分解为内在的神经性或功能性分支是令人误解的，它阻碍了我们对传统人脑–身体–环境进行更具解释功能的区分[②]。麻省理工学院教授布鲁克斯（Rodney A. Brooks）[③]、印第安纳大学伯明顿分校认知科学教授比尔（Randall D. Beer）[④]、美国神经科学家和心理学家凯尔索（J. A. Scott Kelso）[⑤]、美国发展心理学家和认知科学家史密斯（Linda B. Smith）[⑥]等一致认为，认知是不需要表征的，并主张利用非表征和非计算的方法，利用动力系统理论这样的工具去更好地研究人类认知活动。而对于认知活动必须涉及表征的这一观点，他们认为其原因部分在于研究者无法想象存在着一种可以完全避开表征、能够真正展示认知活动过程的非表征系统。墨尔本大学教授格尔德（Tim Van Gelder）为此还进一步提出了具身认知的两大假设：本质性假设（nature hypothesis）和知识性假

① KIRSH D, MAGLIO P. On distinguishing epistemic from pragmatic action[J]. Cognitive Science, 1994, 18（4）: 513–549.

② 何静. 具身认知的两种进路[J]. 自然辩证法通讯, 2007（3）: 30–35, 110.

③ BROOKS R A. Intelligence without representation[J]. Artificial Intelligence, 1991, 47（1）: 139–159.

④ BEER R D. A Dynamical systems perspective on agent-environment interaction[J]. Artificial Intelligence, 1995, 72（1）: 173–215.

⑤ KELSO J A S. Dynamic patterns: the self-organization of brain and behavior[M]. Cambridge Mass: MIT press, 1997.

⑥ SMITH L B. Cognition as a dynamic system: principles from embodiment[J]. Developmental Review, 2005, 25（3）: 278–298.

设（knowledge hypothesis）[①]，其中本质性假设认为认知主体本身就是一个动力系统，知识性假设则认为必须采用动力学的方法来理解认知。综合来看，激进的具身认知将大脑、身体和环境视为一个统一的有机系统，它们通过要素与要素、内部与外部、整体与部分之间的相互作用和彼此影响等持续耦合机制实现共同进化。

❸ 中立的具身认知

朴素的具身认知与激进的具身认知争论的焦点体现在两个方面：一是表征的有用性，即认知是否需要表征[②]。朴素的具身认知认为表征是有用的，因而它继承了标准认知科学关于表征的思想，只是在表征的内容、载体和形式上有所不同；激进的具身认知则认为表征是无用且错误的，提出是有机体取代了表征的过程，有机体与环境之间的耦合交互作用推动着认知活动的持续进行。二是动力系统的替代性，即动力系统是否完全替代了表征。虽然激进的具身认知认为动力系统取代了表征，但是也有研究者对此持保留意见。美国哲学家贝克特尔（William Bechtel）就否定了动力系统理论与表征性分析相互排斥的假设，在他看来，动力系统实际上是拓展而非取代表征这一术语，因为其结构具有表征的基本特征——替代其他事物[③]。它们的不同之处在于：一方面，动力结构不是静止的，而是运动的，它由三个部分构成，即被表征的事物、表征和表征的方法；另一方面，动力系统在解释类型上不同于传统的表征方法，动力的解释是对系统行动“像规则那样”的描述（其意义在于即便我们不知道“它是如何做的”也能够很好地描述“它在做什么”[④]），而不是对内部系统如何产生行动进行“机械化”的解释。

---

① VAN GELDER T. The dynamical hypothesis in cognitive science[J]. Behavioral and Brain Sciences, 1998, 21（5）: 615-628.

② KEIJZER F. Representation in dynamical and embodied cognition[J]. Cognitive Systems Research, 2002, 3（3）: 275-288.

③ BECHTEL W. Representations and cognitive explanations: assessing the dynamicist's challenge in cognitive science[J]. Cognitive Science, 1998, 22（3）: 295-318.

④ BECHTEL W. Philosophy of science: an overview for cognitive science[M]. Hillsdale, New Jersey: Lawrence Erlbaum Associate, 1998: 5.

表征的有用性和动力系统的替代性存在的广泛争议，促进了具身认知中立立场的形成，该立场支持者反对激进的具身认知彻底抛弃“表征”的观点，认为在涉及感觉—运动协调这类运动能力较低水平的认知加工时，我们或许可以放弃使用表征；但在涉及思维、语言和记忆等较高水平的认知加工时，则需要以表征（以行动为导向的意向性表征而非去情境化的符号表征）为基础。研究者们还将前者称为在线认知（on-line cognition），将后者称为离线认知（off-line cognition），其中在线认知是离线认知的基础和前提。

二、具身认知的六个基本观点

虽然研究者们对具身认知持有不同的学术立场，但也达成了一些共识——需要重新审视并变革标准认知科学的研究对象和研究方法，建立一套属于自己的话语体系。除此之外，在这些持有不同学术立场的具身认知理论研究共同体中，也存在着一些得到广泛认同和支持的主张，只是在这些主张的理解上还存在一些分歧和争论。为此，美国认知心理学家威尔逊（Margaret Wilson）指出，如果我们想继续保持对“具身认知”这一术语的有意义使用，就需要进一步厘清和审视这些已经获得普遍认可的基本主张的价值①。因此，她对具身认知研究中比较有代表性的六个主张进行了再评价。

❶ 认知是情境化的

“认知是情境化的”是具身认知相关文献中最为基础的观点之一，其具体内涵是指“认知活动发生在真实世界中，并内在地包含认知主体的感知和运动系统的参与。”这一观点在情境认知理论和动力系统理论的论述中也得到了强有力的支持。情境认知理论认为，认知发生在相关任务的输入与输出情境中，当认知活动开启后，不断涌入的感觉信息将通过持续影响学习者的认知加工而影响其任务完成过程中与外界环境的交互行为。动力系统理论将这一过程视为一个基于“感知—行动”的动力循环机制的过程，即任务情境

① WILSON M. Six views of embodied cognition[J]. Psychonomic Bulletin & Review, 2002, 9（4）：625-636.

通过刺激学习者的身体感觉系统，经中枢系统加工后再由运动系统做出相应的反馈行为，而这种行为又将进一步引起任务情境的变化，从而继续影响学习者的信息感知和行为产生。然而，威尔逊认为，并非所有的认知活动都是情境性认知，也存在诸如计划、记忆、白日梦等未与情境发生直接相互作用的、基于意向性表征和计算的离线认知活动，但这是建立在在线认知活动基础之上的。人类认知活动的一个重要标志就是能在任何与情境的交互作用中去耦（decouple），如规划未来、回忆过去、思考如果情境发生变化又将发生什么等。

❷ 认知是有时间压力的

"认知是有时间压力的"是指认知必须在有限的时间内借由身体与环境的互动才能被理解，若时间变了，认知主体面临的压力也就变了，因而认知也会随之发生改变。实际上，在"认知是情境化的"这一观点中，我们也常常提及"情境代理（situated agents）必须有效地处理实际时间（real time）或运行时间（run time）的有限性问题"，即强调实时互动。这些论述也在一定程度上揭示了传统人工智能模型的不足，即认为内部表征可在任意时间被建立和操作。人与机器的不同之处在于人是"活着的心智"，人的认知活动是在特定的时间压力下发生的。但是，并不是所有的认知活动都内在地涉及时间压力，在多数情况下，人还是可以在相对悠闲的状态下完成认知活动的，而且时间压力中的情境本来就是认知任务的一个组成部分，只是对时间压力下的认知活动进行研究，有助于发现情境性认知更复杂的形式。

❸ 认知是可卸载的

虽然我们常常选择在离线状态下进行认知加工，但在有些情况下也不得不通过完成在线任务来进行认知，这时我们通常采用的做法是将认知活动分解。在现实情境中，当人们面临表征瓶颈时并不是完全绝望的，而是有两种策略可供缓解：一是依靠通过事先习得的知识技能来实现预载表征（preload representations），即借助长时记忆中的相关场景与认知图式；二是将一部分的认知负荷交由环境承担。根据认知负荷理论关于认知负荷的分类及其内涵的研究，不难发现，环境为认知主体分担的那部分认知负荷属于外在认知负荷——由信息的组织、设计等方式引起的认知负荷。早在1956年，美国心理学家乔治·米勒（George Miller）就在其发表的《神奇的数字7±2：我们信息加工能力的局限》一文中揭示了人类信息加工的能力是有限的，短时记忆的信息容量为7±2个组块[①]。因而在实际认知活动过程当中，我们可以利用环境来减少认知负荷，即把认知工作以符号性内置表征（symbolic off-loading）的方式置于环境之中，仅仅在需要利用的时候才提取这些信息[②]。特别是当认知活动的目的不再直接指向活动情境时，环境可以为我们保持甚至操作相关信息。此时环境就类似于一个长期存档馆（long-term archive），其使用方式就类似于我们对参考书、记事簿、电子文件夹等的使用一样。

❹ 认知系统是包括环境的

在具身认知理论看来，环境在认知过程中扮演着重要角色，越来越多的基础研究证明：认知不再只是包括主体心灵的参与，还包括其身体及所处环境的参与。确切地说，认知是认知主体的身体、心灵和环境交互作用的结果，身体、心灵和环境共同构成了一个认知系统。“认知系统是包括环境的”这一观点得到了分布式认知理论和认知动力系统理论的强烈支持。分布式认知理论认为，认知不仅存在于内脑活动，还依赖于外部环境[③]。认知活动总是发生并分布于特定的文化和历史背景中，参与者、人工制品、外部表征以及环境等共同构成了认知实现不可或缺的部分。环境不仅是一种信息的来源与输出地，也是思维的一部分，它作为思维延伸的工具，分担一部分的认知负荷。认知动力系统理论也指出，认知不是一个孤立于认知主体、发生在大脑的内部事件，而是一个涉及多重因素、发生在由身体—脑神经系统和环境组成的认知系统的整体事件，认知主体的行为不是出自表征结构的静态、离散

① MILLER G A. The magical number seven, plus or minus two: some limits on our capacity for processing information[J]. Psychological Review, 1956, 63（2）: 81.

② BALLARD D H. Deictic codes for embodiment of cognition[J]. Behavior and Brain Science, 1997（20）: 723-767.

③ HUTCHINS E. The distributed cognition perspective on human interaction[J]. Roots of Human Sociality: Culture, Cognition and Interaction, 2006: 375-398.

的序列操作，而是出自脑、身体和环境之间复杂的动力作用。然而，威尔逊也指出，认知是分布式的并不意味着“我们必须研究分布的系统”①②这一主张是正确的：首先，科学的最终目的不在于解释特定事件的因果关系，而在于理解组织和功能的基本原理；其次，认知系统的边界界定在某种程度上取决于研究者分析的特定目的，因此它具有较强的主观性；最后，该主张并没有要求我们对认知领域的研究进行改革，只是简单增加了需要研究的现象。所以，从长远角度来看，这种分布式的方法能否深刻揭示认知活动本质还不得而知。

❺ 认知是为了行动的

心智的功能是为了指导行为，而诸如知觉、记忆这样的认知机制必须根据它们有益于情境的适当行为来评价。一般认为，主体的认知机制和行为是以一种非常直接的方式——主体关于特定行为模式的知觉、概念和记忆——联结起来的。从认知主体的“感知—行动”的基本过程来看，“认知是为了行动的”包括两层含义：一是感知即探测，感知要有利于行动。感知不是被动地接受来自外界环境的抽象特征，而是主动地、高选择性地、有计划地被认知主体当下的行动目标所引导。二是感知的首要任务不是建构客观模型（有机体也从不建构模型），并以此指导行为，而是寻求行动机会，甚至是直接参与到行动机会的创造中来。然而，越来越多的研究表明，认知机制与个体行为之间的关系并非如此直接与简单，认知通过一种更间接、更复杂和更灵活的策略来促进行为。在这种策略中，认知主体在不确定关于外界环境的信息何时会被用到或用于何处时，一般会将其全部保存起来以备将来之用，这也为认知主体日后灵活地解决相关问题提供了更多的可能性。我们的心理概念通常就保留了关于对象属性非常丰富的信息，这些信息将被用于不同的用途，甚至可以完全不同于我们最初加工它们的目的。美

① BEER R D. A dynamical systems perspective on agent-environment interaction[J]. Artificial Intelligence, 1995, 72（1）: 173-215.

② BEER R D. Dynamical approaches to cognitive science[J]. Trends in Cognitive Sciences, 2000, 4（3）: 91-99.

国当代哲学家唐纳德·舍恩（Donald A. Schön）则用“行动中认知”的概念分析了“知”与“行”之间的紧密关系，他特别指出，认知和行动之间不是机械结合的，而是有机融合的，这主要体现在“行动中求知”（knowing in action）和“行动中反思”（reflecting in action）两个方面。其中，“行动中求知”重在描述身体与心灵的结合，提倡主体在实践中认识，强调身体化和概念化的统一；而“行动中反思”反映的是主体“与情境反思性对话→重新框定问题→在行动中发现→进行新的反思性对话”的螺旋式上升的认知过程。由此可见，认知与行动之间存在着非常复杂的交互关系。

⑥ 离线认知也是基于身体的

“离线认知也是基于身体的”是指即便从环境中去耦，心智的活动仍然基于个体与环境交互作用过程中通过进化所产生的感觉加工和运动控制机制。威尔逊认为这一主张具有重要意义，也是最能被证明的，只是未得到研究者足够的关注。在“认知是可卸载的”这一观点中，我们提到有两种策略可用于缓解表征瓶颈，其中一种就是基于离线认知的预载表征。回想一下我们借助手指进行计算的经历，从其整体形式来看，这就是一套关于手指（明确地被赋予了不同的计数含义）的干脆利落、简洁清晰的动作。然而，这一计算过程可以操作得更隐秘和巧妙，仅靠区分手指的位置，也只够支持认知主体跟踪或记录其计算动态，对于观察者来说，这看起来就像单纯的身体抽动。试想，如果我们将认知活动继续往里推进——只允许人体运动程序的启动而不允许明显外部运动的发生，且这种心理活动能够帮助主体顺利地完成任务（如计算），那么关于认知策略的一番新图景就打开了。许多对具身认知持中间立场的研究者就认为，抽象的离线认知活动或许就是以这样一种利用人的感觉运动系统功能的隐蔽方式进行的。虽然与在线的情境性认知相比，具身认知的离线认知观所引起的关注度相对较小，但关于其支持证据的研究结果却在这几年悄然增长，关于外部情境的感觉运动模拟思想也被广泛地引入到人类认知的理解中来。离线认知基于身体的事实已不可否认，但在对于离线认知活动中感觉和运动信息以何种方式起作用这一问题，目前还尚无定论，威尔逊认为将来会有更多的研究更深入地探讨离线认知是以何种方式实现具身的问题[①][②]。

三、具身认知的三个关键假设

在现象学研究的推动下，具身认知的思想逐渐引起了人们的重视，越来越多的认知科学研究者投入具身认知的研究阵营中来，为具身认知理论的发展起到了良好的促进作用。例如，在2010年，夏皮罗在其出版的《具身认知》一书中对具身认知的核心观点进行了总结，从“概念化”（conceptualization）、“重置”（replacement）和“构造”（constitution）三大方面详细阐述了具身认知对传统认知的超越。

❶ 概念化：有机体的特性规限着其所能够获取的概念

美国语言学家莱考夫（George Lakoff）和美国哲学家约翰逊（Mark Johnson）认为，“身体特有的自然属性为我们的概念化认识、理解与分类塑造了独特的可能性”[③]。身体纵向直立、脚赋予了我们朝某个方向移动的可能性，关节赋予了我们特定程度的自由，各种感觉器官赋予了我们感知和体验外部世界的能力。这些特性赋予了人一套与众不同的建立系列基础概念（basic concepts）的心理机制，而这些基础概念又影响着其对熟悉概念（familiar concepts）的意义理解，熟悉概念又制约着抽象概念（abstract concepts）的意义建构。这种“涓流效应”（trickle up effect）揭示了有机体的身体决定着其概念的获得[④]。

具身认知理论认为，感觉运动经验在概念表征中发挥着重要作用。概念表征的实质并非抽象的符号表征，而是模态的神经表征；认知则是感觉运动

① WILSON M. Perceiving imitatible stimuli：consequences of isomorphism between input and output[J]. Psychological Bulletin，2001，127（4）：543.

② LAKOFF G，JOHNSON M. Metaphors we live by[M]. chicago：University of Chicago press，1980.

③ LAKOFF G JOHNSON M. Philosophy in the flesh：the embodied mind and its challenge to western thought[M]. New York：Basic books，1999：19.

④ SHAPIRO L. Embodied cognition[M]. New York：Taylor & Francis，2010：88.

信息通过模拟的方式被激活的过程[①②③]。有机体的大脑中积累了各种不同的感觉运动经验，外部知觉、内部状态和身体运动共同构建了概念的表征，即抽象概念的获得是建立在有机体感知经验基础之上的，而有机体的这些感知经验其实就是有机体身体的感觉运动活动在大脑中留下的印记。基于此，机器人学与人工智能科学家戈登伯格（Arthur M. Glenberg）提出了语言理解具身性的思想，他指出，“语言理解是具身性的——源自人的身体和知觉系统的生物力学自然属性”[④]。有机体的身体和知觉系统的不同，造就了其建立的感知经验的不同，最终促成了认识和理解上的差异。

❷ 重置：在与环境进行交互的过程中，有机体取代了表征的过程

“重置”是具身认知的又一新观点。它批判的是传统认知心理学主张的那种“计算—表征”的认知模式，以及认为身体不参与认知过程的观点；强调有机体取代了表征的过程，即在认知过程中，有机体与环境持续不断地进行着交互。有机体的身体执行的某一动作，一方面影响着大脑如何对世界做出反应，另一方面又影响着世界为大脑提供哪些信息，而这些信息又将影响有机体的行为……如此循环。因此，具身认知具有“具身性”和“情境化”等特征，其中“具身性”是指大脑与身体的动态交互，“情境化”则是指身体嵌入环境并与之动态交互。具身认知的“重置”观点在动力系统理论（Dynamical System Theory）的研究中得到了有力支持[⑤]。

认知动力系统强调两点：一是认知是实时发生的，二是认知动力系统的每

---

① GALLESE V, LAKOFF G. The brain’s concepts: the role of the sensory-motor system in conceptual knowledge[J]. Cognitive Neuropsychology, 2005, 22(3-4): 455-479.

② PECHER D, ZWAAN R A. Grounding cognition: the role of perception and action in memory, language, and thinking[M]. Cambridge: Cambridge University Press, 2005.

③ BARSALOU L W. Simulation, situated conceptualization, and prediction[J]. Philosophical Transactions of the Royal Society B: Biological Sciences, 2009, 364(1521): 1281-1289.

④ GLENBERG A M, KASCHAK M P. Grounding language in action[J]. Psychonomic Bulletin & Review, 2002, 9(3): 558-565.

⑤ SHAPIRO L. Embodied cognition[M]. New York: Taylor & Francis, 2010: 115.

一个组成部分都在不断发生变化。这种持续变化的观点正是美国心理学家吉布森（James J. Gibson）将“感知”描绘成一种“活动”的灵感源泉，他指出，“感知主体通过自主选择所需信息探索外界环境，他们所做出的行为在引起感知的同时，也影响着新行为可能性的创造，而这些新行为可能性又将产生新的感知……”[①]。由此可见，认知产生于一个包含大脑、身体和环境三大要素的自组织系统，这三大要素之间存在着一种耦合性关系（a coupling relationship），且每个要素都是一个动态系统。比尔将具身认知的动力系统耦合机制描绘成图1-1所示的结构，其中神经系统是嵌入式的（embodied），身体是情境化的（situated），环境、身体和神经系统之间频繁地进行着动态交互[②]。

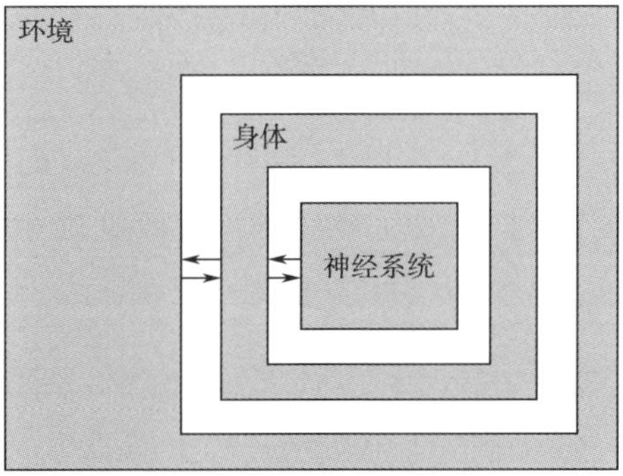

图1-1 具身认知的动力系动耦合机制

❸ *构造：在认知过程中，身体或环境发挥着构造而非仅仅进行因果推理的作用*

具身认知真正超越标准认知科学观点的地方并不只是体现在“概念化”和“重置”，更具颠覆性的观念是其提出的“构造性假设”（constitution hypothesis）[③]。具身认知与标准认知科学在“构造”上的分歧主要体现在以下两个方面：一方面是在心智的组成成分上，标准认知科学认为认知过程

---

① GIBSON J J. The senses considered as perceptual systems[M]. Oxford, England: Houghton Mifflin, 1966.

② BEER R D. The dynamics of active categorical perception in an evolved model agent[J]. Adaptive Behavior, 2003, 11（4）: 209-243.

③ SHAPIRO L. Embodied cognition[M]. New York: Taylor & Francis, 2010: 158.

仅仅是发生在大脑中的各种符号计算加工过程，即心智的形成只包括大脑的参与；而具身认知的构造观点主张认知过程的组成成分绝非仅有大脑，它还有身体甚至外界环境的参与。另一方面是在身体或环境在认知过程中所发挥的作用上的分歧，标准认知科学坚持身体或环境在认知过程中发挥的仅仅是因果推理的作用，即将心智视为一个由原因到结果的推理系统；而具身认知的构造观点则认为身体和环境也具有构造作用，大脑、身体和环境共同创造了我们的经验世界。

海德格尔通过引入“技能化消释”（skillful absorption）的概念，对传统认知“身体和环境在认知过程中仅仅发挥着因果推理作用”的观点进行了反驳，他认为主体在认知活动中是与情境或世界交织在一起的，主体被外界环境包围着，“融身”或“消释”在其中[①]。随后，梅洛-庞蒂、莱考夫和约翰逊又分别从现象学和神经科学的角度指出身体在认知活动中的构造作用。梅洛-庞蒂认为，“是身体接管了我们意识之外的地带，身体在退出客观世界时，拉动了把身体和它的周围环境联系在一起的意向之线，并最终将向我们揭示有感觉能力的主体和被感知的世界”[②]。莱考夫和约翰逊也指出，认知是具身的，身体允许我们进行感知的同时，也创造着我们的概念系统和经验世界[③]。

第三节 具身认知对标准认知科学的挑战

作为认知科学的一个新取向，具身认知对标准认知科学发起了多重挑战。其中在身心关系上，突破了标准认知科学作为思想基础的身心二元论，取而代之的是身心一体论；在认知模式上，批判了标准认知科学作为核心主

① GURWITSCH A, MÉTRAUX A. Human encounters in the social world[M]. Pittsburgh: Duquesne University Press, 1979: 67.

② 莫里斯·梅洛-庞蒂. 知觉现象学[M]. 姜志辉，译. 北京：商务印书馆，2003：105.

③ LAKOFF G, JOHNSON M. Philosophy in the flesh: the embodied mind and its challenge to western thought[M]. New York: Basic books, 1999: 102-104.

张的“表征—计算”的离身认知模式，转而提出了一种基于“模拟—复现”过程的具身认知模式；在心智建构上，否定了标准认知科学作为认知加工原则的机械线性组织法，进而转向了一种基于动力系统理论的有机整体生成法。正是在身心关系、认知模式和心智建构等方面的突破，使得具身认知构建了一种与标准认知科学不同的认知科学体系。

一、身心关系的突破：具身认知的“身心一体”论与标准认知的“身心二元”论

身心关系一直是哲学、心理学、认知科学等学科以及计算机、人工智能等领域内的基本问题，它主要有一体论、二元论和身心辩证统一论。其中标准认知科学坚持身心二元论，认为人的心理与身体无关，由此建构出了一种“离身认知”的理论体系。具身认知则以身心一体论和身心辩证统一论为理论基石，强调身体在心理活动中发挥着重要作用，由此构建出了一种迥然不同于标准认知科学的“具身”的理论体系。

标准认知科学的身心二元论又分为两种：身心平行论和身心交感论。身心平行论认为，“精神或心理活动与身体或生理活动发生在两个相互分离而又平行的系列中。精神活动只与精神活动存在因果关系，身体活动只与身体活动存在因果关系。①”传统认知心理学就是以此为基础，认为认知活动不依赖于其赖以发生的物质基础——身体尤其是脑，即认知是离身的。身心交感论则认为，身体与心理虽各不相同，且各有各的起源，它们互不决定、互不派生，但却彼此影响、相互作用。这一思想在发展过程中逐渐成了标准认知科学的思想基础，正是基于它，标准认知科学强调离身认知，并通过将身体与心理分离开来，在机器上模拟人的认知活动。

然而，人不是机器，而是活生生的、积极的创造物。来自现象学、脑科学、神经生物学等学科的许多研究证明，将身体和心理截然分开是错误的，一切精神活动都是以身体经验为基础的。身体和心理从一开始就是一个整

① 李炳全．形体化心理治疗：基于身心关系的理论思考[J]．医学与哲学，2013，34（5）：43-46，49.

体，不接受任何在主体和客体之间所做的区分。这种身心一体的思想触发了具身认知科学的兴起。它认为，“事物的属性既不是外在于那里的，也不是固有的内在于我之中的，而是通过身体体验与外界彼此规定和塑造的。[①]”因此，身体具有单纯作为物质的肉身所不具有的性质，就如同一个艺术品具有构成它的物质所不具有的性质一样[②]，即心理孕育并蕴含于身体之中，身体使心理得以产生和表现。随着哲学、心理学和认知神经科学等学科的不断发展和人们自我认识的逐渐深入，身心辩证统一论开始进入了人们的视野。身心辩证统一论认为，人的身体与心理不同但又相互依存，统一但又彼此对立[③]。无论是身心一体论，还是身心辩证统一论，对标准认知科学的身心二元论而言都是一次巨大的突破。

二、认知模式的挑战：具身认知的“模拟—复现”观与标准认知的“表征—计算”观

标准认知科学认为，对人类思维或认知最恰当的理解，是将其视为心智中的表征结构以及在这些结构上进行操作的计算程序[④]。因此，它将人的大脑比喻为计算机的硬件，于是人脑中的神经元网络就如同计算机硬件中的芯片电路；将人的心灵比喻为计算机的软件，其中普遍心理能力就如通用软件，特殊心理能力则似专用软件。基于此，人的认知过程就类似计算机根据一定规则对抽象符号的加工过程，是一道运行在身体硬件之上并可以指挥身体的心理程序。正因认知与计算二者之间的相似性，将标准认知科学带入了一种计算主义的认知观，其主要特征是采用“表征—计算”的认知模式[⑤]。外界刺

① 唐佩佩，叶浩生．作为主体的身体：从无身认知到具身认知[J].心理研究，2012，5（3）：3-8.

② ANTONY L. Realization theory and the philosophy of mind：comments on sydney shoemaker’s physical realization[J]. Philosophical Studies，2010，148（1）：89-99.

③ 高新民，严莉莉．新二元论的突现论路径[J]. 自然辩证法通讯，2012（3）：88-93.

④ 保罗·萨迦德．心智：认知科学导论[M]. 朱菁，陈梦雅，译．上海：上海辞书出版社，2012：11.

⑤ PYLYSHYN Z W. Computation and cognition：issues in the foundations of cognitive science[J]. Behavioral and Brain Sciences，1980，3（1）：111-132.

激进入人的感觉系统后经表征被转换为抽象的语义符号，这些抽象的语义符号在中枢系统中得以加工，最后由运动系统将加工的结果转换为具体的动作状态。这就是标准认知科学基于“表征—计算”模式的认知过程。

然而，镜像神经元的发现挑战了标准认知科学的认知模式，支持了认知的“具身”特征①。按照标准认知科学的“表征—计算”观，认知等心理活动是一种抽象的符号加工，与身体的感觉运动系统本身并无关联。镜像神经元在动作执行和动作观察中皆被激活的事实却表明，所谓的内部心理符号加工过程或许只不过是感觉运动系统动作的模拟复现过程。首先，刺激情境中的知觉状态和身体特征在感觉系统中被部分地保留；其次，中枢系统对保持在记忆中的情境、知觉、经验等进行整体认知加工；最后，运动系统复现当时的刺激情境，模拟原有的动作特征。这就是具身认知理论主张的“模拟—复现”认知模式。具身认知认为，身体在认知加工过程中是构成性的，身体的感觉运动系统经验及其心理模拟在认知加工过程中扮演着重要角色，身体的物理结构对认知具有直接的塑造和制约作用。随着来自脑科学、神经科学、神经生物学等研究领域的认知模拟证据的逐渐确凿和增多，标准认知科学受到的挑战愈加严峻，与此同时，具身认知“模拟—复现”的认知模式则越来越受到人们的认可和推崇。

三、心智建构的超越：具身认知的“有机整体生成”与标准认知的“机械线性加工”

由于标准认知科学主张认知就是计算，计算即符号操作，认知操作开始于接受符号输入而结束于产生符号化编码的输出，因此认知科学的主题就被安置在感觉器官的外壳与运动系统之间，这使得心智构建的研究只须关注大脑，无须考虑有机体自身及其以外的世界，也无须考察有机体与环境之间的交互作用。这样一来，标准认知科学就将心智构建描绘为一个仅发生在脑中

① GALLESE V. Before and below “theory of mind”: embodied simulation and the neural correlates of social cognition[J]. Philosophical Transactions of the Royal Society B: Biological Sciences, 2007, 362(1480): 659-669.

的线性计算过程——刺激被抽样、被符号化表征、被加工并且被转换为一种其他认知过程可以使用的新表征形式的过程。很多认知科学家对这一观点都持类似的唯我论态度，他们倾向于将认知的边界划在计算机科学家为计算所划的边界的同一个地方，即与世界交界的那些点。例如，美国认知心理学家豪约克（Keith J. Holyoak）就曾断言，“心理学的关注焦点是介入感觉输入与运动输出之间的信息加工”①。按照这一说法，所有的认知在主体接触世界之处开始和结束，输入原因和由输出产生的对世界的效果对理解发生于输入与输出之间的计算过程的目的无关。简言之，在标准认知科学看来，心智建构是一个基于一定规则的抽象符号的封闭式、机械化的线性加工过程。

具身认知则在系统科学的启发下，通过对标准认知科学的批判，开辟了认知的动力系统进路，构建了一幅新的认知图景——认知是一个基于脑、身体和世界持续交互作用的心智的开放式、自组织的整体生成过程。首先，具身认知对标准认知科学关于感觉系统、中枢神经系统和运动系统三者之间的线性因果关系进行了批判，认为它们之间更重要的是存在耦合构成性关系；更进一步说，中枢神经系统中的生物性过程与外在环境中的技术性工具之间也存在耦合构成性关系。其次，认知的边界不在于感觉运动器官与世界的交界处，而是延展到了身体及其以外的世界，身体行动对世界产生的作用会影响知觉，继而知觉又影响未来行动，未来行动接着又决定新的知觉……因此，身体与世界是作为认知的一种成分，共同参与心智的建构。最后，具身认知认为，认知过程不存在孰先孰后的程序式事件序列，更不存在所谓的开始、中间和结束环节；而是将有机体看成一种自主的认知主体，认为它能够积极地塑造和处理自身，知道如何在行动中巧妙地运用身体技能与环境资源促进身体、心智和世界的整体性生成②。因此，具身认知倡导一种有机整体生成的心智构建观。

① HOLYOAK K. Psychology[A]. WILSON R A, KEIL F C. The MIT encyclopedia of the cognitive sciences[M]. Cambridge: MIT Press, 2001: xxxix.

② THOMPSON E. Mind in life: biology, phenomenology, and the sciences of mind[M]. London: Harvard University Press, 2007: 15.

第二章

智能时代教育实践的具身转向

美国当代教育哲学家奈勒（George F. Kneller）曾说：“那些不应用哲学去思考问题的教育工作者必然是肤浅的。一个肤浅的教育工作者，可能是好的教育工作者，也可能是坏的教育工作者——但是好也好得有限，而坏则每况愈下。①”哲学思考与科学认识教育实践，对教育理论的建构及发展教育实践具有基础性意义。教育实践观的发展既受社会文化思潮与社会历史变迁的影响，也受基础科学进步和科学技术创新的制约。新一代具身认知科学与人工智能技术的崛起，为教育实践观的重构提供了新的方向与思路。这不仅有助于建构新的教育理论和分析框架，还有助于发展新的教育实践模式和方法。特别是在越来越重视劳动教育和倡导实践育人的当下，从哲学、科学、技术视角重新审视教育实践，具有迫切的现实意义。

第一节 信息实践与人的数字化发展

信息技术普遍而深入的应用让人类社会生活在传统“物质–能量型实践”的基础上日益走向“信息型实践”。信息型实践以主体耗费脑力、输出信息为主要特征，以支撑人在数字化环境中的生存与发展为基本方向，并深刻改变了社会生活中的主客体关系。它不仅让主体在实践中的能动作用越发彰显，而且使实践日益走向非主客体二分性。在这过程中人与技术之间具身关系的建立，进一步使许多传统、僵硬的二元对立得到解构，认识与实践的界限日趋模糊，身体与精神的发展逐渐统一，人开始在具身型信息实践中完成自我的数字化建构。

一、信息实践：信息时代生存与发展的重要方式

随着计算机、自动化、人工智能等技术的不断发展，人类实践的内容和形式正在发生巨大变革。最典型的转变即越来越多的物质生产活动被自动控

① 乔治·奈勒. 教育哲学导论[M]//陈友松. 当代西方教育哲学. 北京：教育科学出版社，1982：135.

制系统及机器人所代替，而信息活动则日益成为人的主要活动形式和工作内容。与物质–能量型实践相比，人们对信息型实践的认识相对较晚。在人类步入信息时代以前，物质–能量型实践在社会活动中居主导地位，信息型实践或被忽视，或被当作物质–能量型实践的特例。直到电子媒介出现，“信息时代先知”麦克卢汉（Marshall McLuhan）所提出的“媒介即人体的延伸”观点让人们逐渐意识到，对客观世界和主观世界的改造离不开以信息利用、加工、转化、传递和创生等为表征的信息实践[①]。信息技术的迅速发展和广泛应用，让信息实践逐渐成为人类实践活动的主导，并对人的存在与发展产生重要影响。在信息时代，人不仅存在于现实的物质世界中，还存在于互联网、计算机所构筑的虚拟世界中，因此，人的身份显得更加复杂而多面，人的发展也变得更加立体和多维。

根据信息媒介的不同，美国加利福尼亚大学教授马克·波斯特（Mark Poster）将人的信息实践分为三个阶段，即基于面对面的口头媒介的信息实践、基于印刷的书写媒介的信息实践和基于电子媒介的信息实践[②]。其中基于电子媒介的信息实践拓宽了人的实践领域，造就了更高的劳动生产率，为人提供了更充足的物质产品、更丰富的精神文化产品，以及更多的闲暇时间、更高的生活质量，在学习、工作和交往方式等方面为人提供了更多的个性化选择，从而对人的发展起到了不可估量的促进作用[③]。人创造自身本质、展示自身自由的舞台也随之得到了极大扩展。人除了能在物质世界的舞台上塑造和扮演自己外，还可以在信息世界的舞台上展示自己甚至创造新的自己。而信息世界的舞台能够将人可塑造的人物形象、可扮演的角色种类等无限扩展，且几乎不受物质世界客观实在性的限制。

---

① MCLUHAN M. Understanding media: the extensions of man[M]. Cambridge, Massachusetts: The MIT Press, 1994: 7.

② 马克·波斯特. 信息方式：后结构主义与社会语境[M]. 范静哗，译. 北京：商务印书馆，2014：10.

③ 肖峰. 信息技术哲学[M]. 广州：华南理工大学出版社，2016：237.

马克思曾经指出，技术是人的本质力量的延伸①。信息技术也是如此。它构造的信息世界不仅是人们更加自由而全面地展现自身本质力量的现实物质基础，还是人们展示自己自由创造自身本质最真实、最普遍的空间、手段和工具。信息技术成本低廉、操作简单、传播迅速的特点，为人创造自身本质突破了财产、身份、时空等方面的限制。在支撑人的生存和促进人的发展上，信息技术所提供的动力在某种程度上比理化技术还要强大、重要和普遍。而人在摆脱沉重的体力劳动后，能否进一步从计算、记忆等枯燥重复的脑力劳动中解放出来，也取决于信息技术的发展水平。在后工业化时代，未来人的解放程度，主要是由信息技术决定的。信息技术的发展，将使人的物质和精神需求不断增长，使人的认识与实践能力不断增强，同时也使人的主体性和自由度不断提高。从这一视角来看，信息技术是改变人生存状态的关键技术，而基于信息技术的信息实践，则是人继其生物进化后实现智力进化的重要方式。

二、人的数字化发展：信息实践中人的信息化在场与生成

信息实践除了受信息技术水平影响外，还受认知科学发展的影响。认知科学作为一门研究信息如何在大脑中形成、加工、转录并表现为语言、推理、情感等的学科，为信息实践的发展奠定了理论基础。根据信息实践在理论视角上的差异，可以将其分为经典认知科学视域下以身心二分、主客二分为特征的离身型信息实践和具身认知科学视域下以身心一体、主客一体为特征的具身型信息实践。离身型信息实践强调大脑中的符号表征和计算，通常被诠释为以信息加工为主要内容的认知活动；而具身型信息实践则强调情境中基于技术中介的人与生活世界的互动，其以人身体与精神的协同参与为核心，以人与技术间具身关系的构建为支撑，重视实践者的在场体验。

数字化生存时代，人身处信息世界的时间逐渐多于面对现实世界的时

① 马克思．1844年经济学哲学手稿[M]．中共中央马克思恩格斯列宁斯大林著作编译局编译．北京：人民出版社，2014：85.

间。从现象学的视角看，人的在场方式也呈现出明显的变化。过去，人的在场方式主要体现为“亲临现场”，即人物理性或实体性地出现在某一场合，其具有唯一性、暂时性和有限性等特征。而在信息世界中，人的在场方式就被拓展到了信息化在场，即人以符号、影像等信息方式展现出来，这使得符号指称的对象或影像依托的实体即使不在场，也能令观察者对其产生一种在场感[①]。信息技术在社会生活中的日益普及，让人的信息化在场日渐普遍，在场形态也越来越多样。借助虚拟现实、混合现实等技术，人可以以更直观、更鲜活、更即时的方式展现自己的在场状态，在场方式也不断发展。当人的信息化在场向更高阶段跃迁后，其与人的物理性、实体性在场的真实差距会越来越小[②]。

信息化在场极大地拓展了人的交往范围，人的社会性、主体性也得以更充分地展现。例如，在计算机、互联网等技术的支持下，人可以在多个终端同时在场。这也正如波斯特所言，在电子媒介阶段，人的在场变得“去中心化、分散化和多元化”“身体已不再有效地限制主体的位置”[③]。尤其是当人与技术之间建立起“具身关系”[④]后，技术仿如身体的一部分，让人的身体得到延伸，从而使人的在场疆域得以无限拓展，在场效应得到极大提升。换言之，信息化在场扩大了在场者实践活动的效能，不仅让信息实践的结果得到可观“增值”，更让信息实践的过程得到实时呈现。因此，无论是在成本和收益上，还是在体验与服务上，信息化在场都让人的实践活动效率获得了显著改善。实践者无须亲临每一个物理现场去获取所需信息，仅通过信息化在场的方式就能完成信息的获取、分析和创造等活动。

在场方式的变化也引发了人发展方式的转型。在数字时代，人们越来越多地借助数字技术将自己转换成其他超越自我的形态（如电子人、赛博人

① 肖峰．论人的信息化在场[J]．中国人民大学学报，2005（4）：98-104．

② 肖峰．哲学视域中的信息技术[M]．北京：科学出版社，2017：183．

③ 马克・波斯特．信息方式：后结构主义与社会语境[M]．范静哗，译．北京：商务印书馆，2014：23．

④ 唐・伊德．技术与生活世界：从伊甸园到尘世[M]．韩连庆，译．北京：北京大学出版社，2012：86．

等），并通过具身型信息实践不断实现自身的数字化发展，这深刻地改变了人类社会生活实践中的主客体关系。当技术成为人身体的一部分并参与到人的信息实践中时，其在实践活动中的客体性会被主体性消减，人的发展也将被深深地打上数字化的烙印。一般而言，人的数字化发展需要经历一个由初级到高级的演进过程，即从借助数字技术的体外延伸（如计算机），到植入数字技术的体内提升（如人体芯片），再到意识信息的外在数字化后的离体性增强发展（将人脑信息转移至体外经由机器增强处理后再输回人脑）等①。该数字化发展过程总体上可被概括为：从物理信息的数字化到精神信息的数字化，从有形信息的数字化到无形信息的数字化，从智力的数字化到精神的数字化②。这昭示的或许正是美国计算机科学家尼葛洛庞帝（Nicholas Negroponte）在《数字化生存》一书中曾经预言的“人类的每一代都会比上一代更加数字化”③的必然趋势。

第二节 教育是一种主要以认知科学为引领的信息型实践

当代信息技术普遍而深入的应用让人类社会生活日益走向以主体耗费脑力、输出信息为基本特征的信息型实践。教育本就是一种以传授知识经验为主要任务、以促进人的身心发展为核心目标的信息型实践。其具体过程是教师耗费脑力，从自己的精神世界中输出一定的作为“精神产品”的信息，作用于作为对象的学生的精神世界，从而引起学生精神即信息状态的改变。从某种意义上说，对人类认知的理解构成了教育实践最重要的科学基石，教育实践是一种主要以认知科学为引领的信息型实践，并随着认知科学的发展呈现出不同的历史景观。

① 肖峰. 信息的哲学研究[M]. 北京：中国社会科学出版社，2018：210.

② 肖峰. 人文语境中的技术——从技术哲学走向当代技术人学[M]. 北京：中国社会科学出版社，2011：168-169.

③ 尼葛洛庞帝. 数字化生存[M]. 胡泳，范海燕，译. 海口：海南出版社，1997：272.

一、教育实践是一种信息型实践

理解实践是认识教育本质的前提。在马克思看来，实践是人类改造世界的现实的感性活动，它具有客观物质性、主观能动性、社会历史性等特征。随着人类社会的发展，实践的广度和深度不断拓展，实践的内容和形式也随之发展并日益复杂化、多样化。根据主体作用于客体的不同方式，人类的实践活动可划分为“物质–能量型实践”和“信息型实践”两种①。其中，“物质–能量型实践”以耗费体力、输出能量为主要特征，它通过主体体力支出产生的机械能，形成一种可感知的现实物质力量，以此作用于客体，从而直接引起客体物质形态的改变；“信息型实践”则以耗费脑力、输出信息为主要特征，它是主体从自己的精神世界中输出一定的作为“精神产品”的信息，或者将其输入作为对象的主体的精神世界中，从而引起对象的精神方面的即信息方面的变化②。人类实践的总体演进方向，是从“物质–能量型实践”向“信息型实践”发展。

从教学活动的主客体关系及其作用的方式和结果来看，教育是一种信息型实践。一方面，在教学活动过程中，教师作用于学生的主要不是物质和能量，而是以物质或能量为载体的信息；另一方面，教学实践并没有引起学生外在物质形态、能量状态等方面的改变，而是引起了学生信息状态的改变，并由此逐渐导致学生认知结构、意志结构、情感结构等内在结构的发展变化③。虽然教师在教学活动过程中也付出大量的体力劳动，如板书、演讲等，但这些活动消耗的物质和能量主要不是作用于客体上，而是消耗在处理和输出信息的过程中，换句话说，教学实践的目的不在输出能量而在输出信息，输出能量只是作为输出信息的手段而已，因此教学实践属于信息型实践。

二、教育实践主要以认知科学为引领

正因为教育是一种信息型实践，人们往往将其视为一种单纯的认知的

① 肖峰．“信息型实践”刍议[N]．光明日报，1986-07-07（3）．
② 肖峰．实践含义新探[J]．社会科学研究，1986（3）：119-120．
③ 桑新民．呼唤新世纪的教育哲学[M]．北京：教育科学出版社，1993：333．

活动，即以信息加工为主要特征的信息活动。然而，作为认识过程的信息活动和作为信息型实践的信息活动有着本质的区别，前者强调信息的输入和加工，即主体接收来自外部世界的信息，并在大脑内部对信息进行加工和处理；后者则强调信息的输出，即主体有目的地输出信息，并将信息作用于客体，从而引起客体信息状态的变化。可以看出，后者超出了认识活动的范围，它属于主观见之于客观、主体有目的地改造客体的实践活动。在教学活动过程中，教师不仅要认识教学内容和所教学生，还要自觉地、有计划地通过教学活动改造和发展学生，使学生的心智结构不断得到建构、完善和提高；就学生来说，教学过程就是学生在教师的指导下，不断认识新事物、掌握新知识、发展新技能，并树立正确的世界观、人生观和价值观，促进自身社会化的实践过程。可见，教育是一个包含认识和实践的活动过程，是认识与实践的统一。

教育作为一种以促进人的心智结构的发展为主要目的，以信息输入、加工和输出为核心特征的认知的实践，势必需要基于认知的科学。了解人类认知的基本过程和大脑运作的内在机制，以及如何使用大脑和身体来处理和存储新信息，并将认知科学的相关研究成果成功运用于教育实践，以提高教学效率和促进学生成长，是每一位教师的责任和使命。特别是随着认知科学对人类认知复杂活动以及人的能力的形式有了更全面和深刻的认识之后，认知科学对教育实践的意义越来越大①。认知科学的发展势必会引发教育实践的变革：以符号表征和计算为主要认知过程的经典认知科学，塑造了一种以知识传递为核心目的、以社会本位为价值取向的灌输式、封闭式教育实践图景；而以心理模拟和复现为主要认知过程的新一代认知科学，则塑造了一种以培养完整的人为核心目的、以个体本位为价值取向的体验式、开放式教育实践图景。

① GLASER R. Cognitive science and education[J]. International Social Science Journal, 1988, 40(1): 21-44.

第三节　认知科学的发展及其主导的教育实践观的变迁

关于认知科学的发展，目前最流行的划分当属莱考夫和约翰逊根据认知科学领域的学者们在“认知是否起因于大脑和身体”这一论题上所持的不同立场而提出的第一代认知科学和第二代认知科学：前者强调符号计算而忽视身体体验，认为身体和大脑的特性对人类的概念与理性没有任何贡献，是一种离身的认知科学；后者强调身体在认知过程中发挥着主体作用，认为概念与理性依赖于人的感觉运动经验和造成这一经验的神经结构，是一种具身的认知科学①。这两种认知科学蕴含着关于实践的两种完全不同的取向，主导了两种不同的教育实践观。

一、经典认知科学及其主导的离身教育实践观

经典认知科学兴起于20世纪50年代，受笛卡尔二元论的影响，它坚持身心二分的理念，认为认知即抽象符号的计算，符号起始于对脑的输入并终止于来自脑的输出，因此认知只发生在脑中，是一种与身体无关的内部思维活动②。这种认知观一经提出后就引起了学界的广泛关注，并得到了很多研究者的支持。纽厄尔和西蒙研发的通用问题求解器（General Problem Solver，简称GPS）③，美国心理学家斯滕伯格（Saul Sternberg）提出的记忆扫描分析框架④，以及英国心理学家格雷戈里（Richard Gregory）等研究的知觉计

① LAKOFF G，JOHNSON M. Philosophy in the flesh：the embodied mind and its challenge to western thought[M]. New York：Badic Books，1999：112-117.

② 劳伦斯·夏皮罗. 具身认知[M]. 李恒威，董达，译. 北京：华夏出版社，2014：29.

③ NEWELL A，SIMON H A. GPS，a program that simulates human thought[M]// Feigenbaum A，Feldman V. Computers and thought. New York：McGraw Hill，1963：279-293.

④ STERNBERG S. Memory-scanning：mental processes revealed by reaction-time experiments[J]. American scientist，1969，57（4）：421-457.

算理论①，均将心智视为运行在脑硬件之上的计算机程序，认为思维过程即符号的操作过程，认知任务可以被分解成若干单元或阶段，并通过把一些确定步骤应用于符号表征而得到解决。在经典认知科学看来，认知有确定的起点和终点，并以算法的方式进行，它们操作符号表征，而无需人的身体及体外世界的参与。

经典认知科学离身的认知观造就了一种主客二分的实践观，这种实践观在教育领域体现为人们将教育实践视为一种离身的精神训练，其最显著的特征是见“物”不见“人”，重“教”不重“学”，主张教学的认识论是“机械论”而非“有机论”，因此教学被认为由一系列可控步骤组成②。在离身的教育实践中，标准化被视为最为合理的方式。这种标准化的实践在工业时代取得了巨大成功，尤其是随着科学管理原则在教育实践中的深入应用，学校被改造成了一架精密运转的机器，教师成为这架机器上的齿轮，学生则成为这架机器产出的标准化产品，教育系统因此变得流水线化、高效率和标准化。然而，人的个性和创造性却在这架机器上被压抑，由此也导致了一系列负面后果，最严重的莫过于让学习者变得害怕学习、厌恶学校。

二、具身认知科学及其主导的具身教育实践观

然而，随着生物学、现象学、语言学等领域研究的逐渐深入，以计算为隐喻的离身认知观受到了来自不同学科的攻击和责难。例如：镜像神经元的发现，粉碎了身体不参与认知的论断，并为认知的具身性提供了神经生物学的依据③；知觉现象学的兴起，强调了身体知觉在认知过程中的重要作用，

① GREGORY R L. Seeing as thinking: an active theory of perception[J]. Times Literary Supplement, 1972（23）: 707–708.

② 郑旭东，王美倩. 从离身走向具身：创造学习的新文化[J]. 开放教育研究，2014，20（4）：46–52.

③ FOGASSI L. The mirror neuron system: how cognitive functions emerge from motor organization[J]. Journal of Economic Behavior & Organization, 2011，77（1）：66–75.

为认知的具身转向提供了现象学的理论基础[①]；概念隐喻理论的提出，进一步明确了身体经验对概念理解的积极影响，为具身的认知观提供了语言学的大力支撑[②]。正是在这些背景下，具身认知科学应运而生，它不仅强调身体的参与，而且重视身体与环境的互动，并主张认知是人的身体、心灵与环境交互作用的结果。可见，具身认知不仅包括生理意义上的身体参与，还包括情境支持的主体行动与实践。实际上，实践不仅是实现具身认知的途径，更是产生具身效应的基础。在实践中，人的身体既是运动器官，不停地针对外部环境做出适应性变化；又是认识器官，不断结合感知信息把握事物的各种性质。从具身认知的视角来看，人只有在身体参与的实践活动中，才能获得完整、深刻且有价值的认识。

与具身认知科学的身心合一的认知观相对应的是主客一体的实践观，它在教育领域表现为使人的生命活动整体地参与和渗透到教育实践中，这种整体性不仅体现在身体和心灵的共同参与，还体现在生活世界的融入。在具身认知科学看来，教育实践的主体是现实的、具体的人，是具有生命活力的完整个体。对于教育者来说，他们需要通过自己的身体和心灵去理解、发展和创造人类生命史上的优秀文化成果；对于受教育者来说，也需要通过自己的身体和心灵去吸收、内化和实践教育者传递的文化资源。从经验的完整性、连续性和互动性来看，教育实践还应回归现实的生活世界、回归经验的具体过程。教育不仅要重视个体的生活经验，还要重视个体与世界的良性互动以及个体之间的社会交往。只有将教育实践与人的身体及其所处的生活世界建立联系，人的学习才会变得更有意义。

---

① GALLAGHER S. Phenomenology and embodied cognition[M]// SHAPIRO L. The Routledge Handbook of Embodied Cognition. New York: Routledge, 2014: 9-18.

② LAKOFF G. Explaining embodied cognition results[J]. Topics in cognitive science, 2012, 4(4): 773-785.

03

第三章

人工智能推动教育具身何以可能

人工智能作为新一代认知科学与教育技术一体化发展的结晶，在推进教育实践双向度具身转变上发挥着革命性作用。利用人工智能变革教育，构建融合智能技术的具身型学习环境和学习资源，支撑具身型教学实践与学习实践的开展，是推进教育领域基础科学与技术创新双向赋能，实现人与教育双向度发展的重要路径。

第一节 从计算到模拟：具身视角下人工智能发展逻辑的新解读

过去，我们对人工智能的理解大多基于技术层面来分析，鲜有从基础科学层面来解读人工智能的发展逻辑。从认知科学的视角来看，人工智能的发展经历了从符号型人工智能到具身型人工智能两个阶段。符号型人工智能以符号主义、计算主义等为代表的第一代认知科学为理论基石，坚持“表征—计算”的研究纲领，在模拟人的左脑思维，实现高层次智能方面表现得非常出色。具身型人工智能则以具身认知、嵌入认知（embeded cognition）、生成认知（enactive cognition）、延展认知（extended cognition）等第二代认知科学为理论基石，主张“模拟—复现”的认知过程，在模拟人的右脑思维，实现低层次智能方面体现出巨大优势。

一、基于“表征—计算”的符号型人工智能

从20世纪50年代中期到80年代后期，人工智能的研究和发展一直以符号型人工智能为主，它以表征和计算为核心理念，认为符号具备表征事物和组合表达的功能，在标识和解释事物意义上发挥着重要作用，是智能体与外部世界互动的关键媒介。任何基于符号型人工智能的智能体都需要一个关于外部世界的表征模型，智能活动的本质就是执行内部表征的组织序列，即计

划——智能体的等级进程，它可以控制运行序列的执行次序[1]。基于这一理念，符号型人工智能采用自上而下的“目的—手段”式分析方法，设计出这样一种等级耦合：一个计划分解成若干子计划，子计划又分解成一系列更小的计划，直至最小单元的计划。但是，做出计划再采取行动的前提是人们可以对任务涉及的所有要素及其属性进行明确的符号表征，并根据有限的逻辑推理（即符号的“合法”操作规则）做出决策，而这正是符号型人工智能后期发展面临的最大困境。

符号型人工智能在解决复杂的数学问题、证明极难的几何定理等高层次智能方面表现出色。纽厄尔和西蒙基于符号主义设计的通用问题求解器[2]，通过将一个目标分解成几个子目标、再构建子目标实现路径的方法，在国际象棋、跳棋等推理游戏中取得巨大成功；其研发的“逻辑理论家”（Logic Theorist）程序，更是开创了人工智能证明数学定理的先河[3]。然而，符号型人工智能在知觉、交谈和行走等低层次智能方面表现糟糕，因此遭受了来自哲学、认知科学、生物学的强烈批评。例如，美国现象学家德雷福斯（Hubert L. Dreyfus）指出，人类智能不只依赖于符号表征和计算的方式，更多的是基于具身性主体及其与世界原初的、非对象性的关联关系而实现的[4]。符号型人工智能只是具有了形式化计算的智能，不具有具身性主体的智能。换句话说，它只是较为成功地模拟了人的左脑思维——线性的、分析的、逻辑的理性思维，而忽略了人的右脑思维——综合的、境脉的、创造的感性思维。

---

① MILLER G, GALANTER E, PRIBRAM K. Plans and the structure of behavior[M]. New York: Henry Holt and Company, 1960: 16.

② NEWELL A, SIMON H A. GPS, a program that simulates human thought[M]//FEIGENBAUM A, FELDMAN V. Computers and Thought. New York: McGraw Hill, 1963: 279-293.

③ NEWWLL A, SIMON H A. The logic theorist: an example[M]//NEWELL A, SIMON H A. Human Problem Solving. Englewood Cliffs, NJ: Prentice-Hall, 1972: 105-140.

④ DREYFUS H L. How representational cognitivism failed and is being replaced by body/world coupling[M]//LEIDLMAIR K. After Cognitivism. New York: Springer Science & Business Media, 2009: 39-73.

二、基于“模拟—复现”的具身型人工智能

20世纪末，符号型人工智能因无法解决一些常识问题而逐渐走向衰落。在联结主义、知觉生态学等具身思想的影响下，以模拟和复现为核心特征的具身人工智能开始崛起，研究者的兴趣也逐渐从高层次的逻辑推理向低层次的知觉动作转变。布鲁克斯是具身型人工智能最早的推动者之一。他于1986年明确指出，智能是具身化和情境化的，传统以表征为核心的经典人工智能进路是错误的①。这一思想成为具身人工智能的开端。布鲁克斯认为，我们应该忘记那些所谓的内部表征和世界模型，并聚焦于复杂环境下的行为控制问题；我们的研究也不应该侧重于那些烦琐的逻辑推理与数学运算，而应该着眼于与真实世界的交互②③。因为智能源自感知和行动，而不是表征和计算，因此符号型人工智能“感知—建模—计划—行动”的“建模—计划”是没有必要的，智能体通过“感知—行动”就足以完成与外部环境的互动，且智能的本质就是“在不可预测的环境中做出适恰行为的能力”。具身型人工智能认为，智能是在智能体与外部环境的交互作用过程中生成的，具有自组织、自适应的特点。

具身型人工智能主张“模拟—复现”的认知过程，具身性主体将其在外部世界感知到的事物以身体格式而非符号格式存入记忆，并通过知觉整合组成模拟器，使认知系统在事物不在场时仍能模拟其最初状态，复现原有情境，从而实现具身理解。构建能够对环境做出适恰行为的智能体，最重要的是要模拟大脑支配身体运动的功能，这也是具身型人工智能面临的最大挑战。在具身型人工智能发展早期，许多研究者将运动和定向作为研究课题，致力于制造能够模仿特定生物有机体行为的机器人，如能够模仿沙漠蚂蚁导

---

① BROOKS R A. Achieving Artificial Intelligence through Building Robots[R]. Massachusetts Inst of Tech Cambridge Artificial Intelligence Lab, 1986.

② BROOKS R A. Intelligence without reason[M]//MYOPOULOS J, REITER R. Proceedings of the International Joint Conference on Artificial Intelligence. San Mateo, CA: Morgan Kaufmann, 1991: 569-595.

③ BROOKS R A. Intelligence without representation[J]. Artificial Intelligence, 1991, 47（1-3）: 139-159.

航行为的Sahabots系列机器人[①]、像昆虫一样飞行的飞行机器人[②]、有激素传感器的蚕蛾机器人[③]等。20世纪90年代中期，具身型人工智能的研究开始从运动向认知转变。凭借仿生机器人的制造经验，研究者进一步向发育机器人发起挑战，其主要目标是使机器人能够像婴儿一样实现自主心智发育，最典型的案例莫过于各种拟人机器人的创造，如具有交互能力的认知机器人同伴BIRON[④]、拥有自我意识的人形机器人iCub[⑤]等，它们通过模仿人类来学习，并在与世界的互动中实现自我发展。在具身思想的推动下，人工智能对人右脑思维的模拟成为可能。

在具身人工智能看来，智能是智能体与环境互动的结果，因此智能不能被预先编程，它不是提前计划出来的，而是自主涌现出来的[⑥]。具身人工智能认为：智能不只是以抽象运算法则的形式存在，还需身体的介入；智能体与世界之间也不是单向的认知关系，而是深刻的存在关系；智能行为不是机械系统逻辑推理的产物，而是有机系统耦合涌现的结果[⑦]。这种身心一体、主客融合的智能形成与发展理念，推动着人工智能从弱人工智能向强人

---

① LAMBRINOS D, MöLLER R, LABHART T, et al. A mobile robot employing insect strategies for navigation[J]. Robotics and Autonomous Systems, 2000, 30（1-2）: 39-64.

② MIKI N, SHIMOYAMA I. Study on micro-flying robots[J]. Advanced Robotics, 1999, 13（3）: 245-246.

③ KUWANA Y, NAGASAWA S, SHIMOYAMA I, et al. Synthesis of the pheromone-oriented behaviour of silkworm moths by a mobile robot with moth antennae as pheromone sensors[J]. Biosensors and Bioelectronics, 1999, 14（2）: 195-202.

④ HAASCH A, HOHENNER S, HüWEL S, et al. Biron-the bielefeld robot companion[M]// PRASSLER E, LAWITZKY G, FIORINI P, HäGELE M. Workshop on Advances in Service Robotics. Stuttgart, Germany: Fraunhofer IRB Verlag, 2004: 27-32.

⑤ TSAGARAKIS N G, METTA G, SANDINI G, et al. iCub: the design and realization of an open humanoid platform for cognitive and neuroscience research[J]. Advanced Robotics, 2007, 21（10）: 1151-1175.

⑥ PFERFER R, GOMEZ G. Interacting with the real world: design principles for intelligent systems[J]. Artificial life and Robotics, 2005, 9（1）: 1-6.

⑦ 何静. 具身性与默会表征：人工智能能走多远?[J]. 华东师范大学学报（哲学社会科学版）, 2018, 50（5）: 38-43.

工智能乃至超人工智能迈进。届时，人工智能将不再只是辅助人类解决问题的特定工具，更是具有知觉、理解和共情能力，甚至拥有自我意识和价值观体系的类人个体，一种与人类并存的全新文明也将成为可能。美国计算机科学家库兹韦尔（Ray Kurzweil）就曾大胆预言了人工智能的未来，他提出，在2045年，强人工智能将会出现，储存在云端的仿生大脑新皮质将会与人类的大脑新皮质实现“对接”，世界将开启一个新的文明时代，“奇点”即将到来①。

第二节 从延伸到赋能：具身人工智能对教育具身转向的基础支撑

虽然具身型人工智能的发展历史不长，但它已经通过穿戴式智能设备、教育机器人等在教育领域开启了系列创新应用，实现了从身体延伸到技术赋能的跨越。具身型人工智能不仅推动了教育的身体回归，还为人的主体性弘扬创造了条件。

一、知觉的延伸和教育的身体回归

自1964年麦克卢汉提出“媒介即人的延伸”论断以来，人与技术的关系就成为理解和反思技术时代教育变革的新焦点。从技术的发展历程看，技术对人的延伸构造了不同层次的“超生物肢体”，它主要分为三个阶段：一是技术对人身体的延伸，主要指人借助机械技术实现身体在空间上的延伸，如笔、筷子、鼠标等操作工具是手的延伸，车、船、飞机等交通工具是腿的延伸；二是技术对人中枢神经系统的延伸，主要指人借助电力技术实现了心理延伸，如广播、电视、网络等对人类思想力量的延伸；三是技术对人知觉的延伸，主要指人借助智能技术实现了知觉系统的模拟和延伸，如虚拟现实、

① 雷·库兹韦尔. 人工智能的未来：揭示人类思维的奥秘[M]. 盛杨燕，译. 杭州：浙江人民出版社，2016.

增强现实等对人触觉、嗅觉等的延伸。但无论技术在多大程度上延伸人的身体，在人与技术的关系中，人才是主体，是目的，是第一位的；而技术是客体，是手段，是第二位的。

具身型人工智能改变了人与技术的关系，使技术不再只是人体的延伸，更成为身体的真实组成部分，为教育实践的身体回归奠定了技术基础。在数字化生存时代，信息技术越来越广泛而深入地渗透到人们的社会生活、学习和工作中，人的身体已不只是纯生物意义上的肉身，还是社会意义上的文化身体，以及以肉体和文化身体为基础、通过具身性而形成的技术身体①。人以信息化的方式存在于技术搭建的生活世界，人的身体与技术的关系变得越来越透明和契合，技术仿佛是人身体的一部分，以具身的方式构建着人的身体体验和精神体验。技术一方面通过延伸学习者的身体，拓展学习者的知觉范围和水平，由此带来更深刻、更真切的学习体验；另一方面又通过解放学习者的身体，赋予学习者更大程度的活动自由和空间，由此带来更丰富、独特的学习机遇。两者共同推动着教育实践的身体回归。以基于眼控技术的智能眼镜为例，它不仅拓展了学习者眼睛的功能，使其具备了“说话”“绘图”和“计算”等能力；还解放了学习者的双手，使他们能够更好地从事实验、创造等学习活动。

二、技术的赋能和人的主体性弘扬

尼葛洛庞帝曾指出：“数字化生存天然具有赋权的本质，这一特质将引发积极的社会变迁”②。具身型人工智能对人身体知觉的延伸，归根结底是技术对人身体的赋能，它有效地推动了人主体性的发挥。人工智能的教育应用，能从根本上促进教育变革与创新，其核心机制就是“赋能”。无论是智能眼镜对人眼睛的延伸，还是类脑仿生芯片等新一代技术产品对人体其他器官的延伸，彰显的都是人的本质力量。用马克思的话来说：“工业的历史和工

① DON IHDE. Bodies in technology[M]. Minneapolis London: University of Minnesota Press, 2002: XI.

② 尼葛洛庞帝. 数字化生存[M]. 胡泳，范海燕，译. 海口：海南出版社，1997：269.

业的已经生成的对象性存在，是一本打开了的关于人的本质力量的书”[①]。以智能技术为代表的第四次工业革命正在通过脑机结合、生物传感、大数据处理等技术创新推进物理世界、数字世界和生物世界的融合与交互[②]，人类的主体性将通过技术的赋能在更高层次上得以确立和释放。具体来说，人工智能将有效促进人与技术具身关系的构建，推动人类超生物肢体的发展，使人类在具身技术支持的社会实践中不断形成和改造自身的超生物经验，进而确立和弘扬人的主体性。

技术对人的赋能，不是简单地赋予主体某种能力，更不是取代主体，而是通过激发主体自身的潜能来实现某种目标。在教育领域，它体现为人类通过发明和创造不同的教学工具来延伸自己的超生物肢体，并通过教学实践传递自己的超生物经验。人工智能对教育和学习主体的赋能，一方面是通过利用智能化、自动化的技术工具替代重复、低效的劳动，给予主体更多、更宽的行为自由和精神自由，从而从事更多创造性的教学工作和学习活动；另一方面是通过利用可视化、交互式的情境反馈替代抽象、空洞的概念，赋予主体更真实、更强烈的互动体验，从而提高学习者的参与度和积极性。在具身型人工智能的赋能下，教育实践呈现出新的发展样态与特征。例如，以智能助教、智能学伴等为代表的教育机器人催生了人机共教、共学、共进的智能教育新生态。它们或作为问题诊断和学情反馈的分析师，或作为学业生涯和未来发展的规划师、心理疏导和危机干预的辅导员等，共同推进教育实践的发展。

人工智能正与机器智能、教育大数据、学习分析等技术携手，为师生发展、课堂教学和学校管理等赋能。佐治亚理工学院教授戈尔（Ashok Goel）就采用虚拟助教Jill Watson来辅助其开展课程教学，该虚拟助教通过在线论坛与学生进行交流互动，能够准确回答和及时处理学生提出的各种问题，不

---

① 卡尔·马克思．1844年经济学哲学手稿[M]．中共中央马克思恩格斯列宁斯大林著作编译局编译．北京：人民出版社，2014：85.

② 克劳斯·施瓦布．第四次工业革命：转型的力量[M]．李菁，译．北京：中信出版社，2016：2.

仅有效缓解了师资短缺的现象，还显著提高了教学的趣味性和交互性①。智能时代，具身认知作为人机交互的设计理念，越来越多地应用于虚拟助教、教育机器人等智能导学系统的设计中。这种具身性一方面体现在学生言语、表情和行为的具身识别与即时反馈上，如通过眼动追踪、键盘记录等技术识别学生的学习状态，并基于对相关信息的加工和理解给予学生恰当的反馈；另一方面还体现在智能导师或智能学伴的具身表现上，如通过在语音韵律、面部表情、手势体态等方面做出简单的具身性动作，与学生实现人性化、个性化的交互。人机交互的具身性设计理念还被广泛应用于虚拟学习环境的构建中，虚拟环境能够赋予学生身临其境的感觉，学生在虚拟学习环境下亲自实践和操作体验，可以促进概念图式与身体图式的融合。在具身交互过程中，人与技术建立起具身关系，进而使人的能力得到延伸，使技术的力量得到整合，由此达到为教育赋能的目标。

第三节　人工智能推动实现教育具身的内在逻辑与实践路向

教育实践的具身转向不仅需要科学理论的指导，还需要新兴技术的支撑。在基础科学（如脑科学、认知神经科学等）与技术创新（如脑机接口技术、生物特征识别技术等）的影响下，人工智能由离身走向具身，并推动教育实践逐步从只注重技术应用的单向度发展模式走向强调技术与教育相互作用的双向度发展模式。

一、内在逻辑：以基础科学与技术创新的耦合发展推动教育实践具身水平持续提升

根据斯托克斯（Donald Stokes）对科学研究的分类，人工智能是一门由应用激发的基础研究，属于“巴斯德象限”的科学研究新类型，其背后反映

① GOEL A K, POLEPEDDI L. Jill Watson: a virtual teaching assistant for online education[R]. Georgia Institute of Technology, 2016.

的是当代基础科学与技术创新之间的耦合发展规律①。在基础科学维度上，人工智能的研究以对人类学习机制、心智模式等的理解和认识为基础；在技术创新维度上，人工智能的研究以对不同技术工具在社会各领域的应用创新和集成创新为核心。站在教育立场看，人工智能既是学习的科学，又是教育的技术，两者相互作用、彼此促进②。一方面，有关人类认知、学习和决策的理论为智能系统的搭建提供了科学、精细的指南；另一方面，智能系统中脚本实现的方式、特征和效率也为学习理论的检验、完善和发展提供了基础。英国教育技术专家卢金（Rosemary Luckin）指出，对学习机制的科学探索为智能时代教育技术的设计提供了基础支撑，而智能技术在教育场景的应用过程与结果又为深化人们对学习的科学认识提供了无限灵感③。人工智能正在基础科学与技术创新的良性互动中实现耦合发展，并在这一过程中实现人与技术具身关系的创建和发展，进而推动教育实践具身水平的持续提升。

人与技术的具身关系指人与技术融为一体，共同作用于外部世界。这种关系的形式化表达为“（人–技术）→世界”。人与技术具身关系的构建受三个因素影响：一是构成性（composition），指人的身体结构与技术结构耦合，人以一种特殊方式将技术融入自身身体经验，借助技术实现对外部世界的感知和认识；二是透明性（transparency），即技术具备的知觉透明性能力，这是指技术经过人短时间的适应后会“抽身而去”，不知不觉地成为人日常经验的一部分；三是沉降度（sedimentation），指人使用某种技术在习惯上的强度，习惯性越强，技术行为的自动化程度越高，人与技术的具身关

① 唐纳德·司托克斯. 基础科学与技术创新：巴斯德象限[M]. 周春彦，谷春立，译. 北京：科学出版社，1999：49-76.

② SCHANK R C，SLADE S B. The future of artificial intelligence：learning from experience [J]. Applied Artificial Intelligence an International Journal，1991，5（1）：97-107.

③ LUCKIN R，CUKUROVA M. Designing educational technologies in the age of AI：a learning sciences-driven approach[J]. British Journal of Educational Technology，2019，50（6）：2824-2838.

系也就越强①。人与人工智能在教育实践中具身关系的建立可以从工程与科学两个层面分析。从工程视角看，具身的人工智能和物理上的具身系统密切相连，比如机器人，这意味着具身的人工智能通过机器人对人类认知和智能的建模和模拟实现物理上的具身；从科学视角看，具身的人工智能是对自然状态下的认知和智能进行建模和模拟，即人工智能的具身展现的是机器人在建模和模拟中蕴含的人类智能和认知②。而人与人工智能具身关系的建立，不仅可以增强学习者的在场感，丰富他们的学习体验，还可以通过以人工智能技术为中介的人与世界的具身交互增强学习者的参与感，实现知识经验的意义建构。

二、实践路向：以具身认知科学与人工智能技术的双向赋能促进教育与经验的统一

人工智能变革教育，必须基于基础科学与技术创新耦合发展的过程和作用机制，把教育技术的原始创新转化为教育发展的基本动力，实现教育的整体性变革。其核心是要促进学习科学与教育技术的相互赋能，推动教育主体与教育环境的双向构建。具身认知和人工智能作为学习科学和教育技术发展的前沿，将通过推动教育主体的身心融合与统一、增强教育环境的沉浸体验和感知，推动教育实践的具身转变，并在这一过程中实现协同发展。以具身认知科学与人工智能技术双向赋能促进教育实践的具身转变，需以具身认知科学为基础，构建智能的教育技术系统。一方面，以具身认知为基础，意味着要通过身体卷入和场景卷入的方式推动教育系统形成自组织、自适应、自进化的良性循环。这不仅要充分激发人的身体潜能，促进学习者的具身学习；还要创建虚拟与现实无缝连接、人与技术协同工作的学习环境，支持学习者体验式、个性化、适应性的自主学习。另一方面，构建智能的教育技术

---

① ROSENBERGER R. Embodied technology and the dangers of using the phone while Driving[J]. Phenomenology and the Cognitive Sciences, 2012, 11 (1): 79-94.

② ZIEMKE T. Embodied AI as science: models of embodied cognition, embodied models of cognition, or both?[M]// IIDA F, PFEIFER R, STEELS L, et al. Embodied artificial intelligence. Berlin: Springer, 2004: 27-36.

系统意味着要充分利用人工智能自动感知、即时响应和快速反馈等优势，以促进学习者认知的物理、生理和心理过程的耦合循环为中心，积极构建人与技术的具身关系，以支持学习者身体、心灵和环境的交互作用，实现人与世界的双向建构和共同进化。

以具身认知科学与人工智能技术的双向赋能促进教育实践的具身转向，需深刻理解教育与经验的统一性，并推进两者走向统一。杜威认为，“教育就是经验的改造或改组，这种改造或改组，既能增加经验的意义，又能提高指导后来经验进程的能力。[①]”教育与经验在实践中是统一的。教育的本质就是通过生活实践促进学生经验发展。它既是经验的过程，也是经验的结果。从主动性讲，经验靠的是积极的尝试、具身的探索和创新的实践；从连续性讲，经验是持续不断地自我改造，是循序渐进地动态生成和可选择地适应性发展；从交互性讲，经验是学习者与学习环境的相互作用，是基于行动的反思性实践。以具身认知科学与人工智能技术双向赋能支撑的教育实践的具身转向，必须注重身体体验和情境互动在教学过程中的作用，以增进经验的主动性、连续性和交互性。比如，通过具身认知和人工智能的整合应用，智能导学系统在模拟人的身体动作、激发人的共情能力以及调动学生的互动积极性等方面不断取得突破，有效扭转学生学习的被动局面，推动教育教学的具身转变。相关研究证明，在智能导学系统中增加自然语言会话、导师手势、体态以及面目表情等能极大地提高学习者的学习兴趣和效果[②]。

---

① 杜威. 民主主义与教育[M]. 王承绪，译. 北京：人民教育出版社，2001：87.

② GRAESSER A C，JACKSON G T. Body and symbol in AutoTutor：conversations that are responsive to the learners' cognitive and emotional states [M]// DE VEGA M，GLENBERG A，GRAESSER A. symbols and embodiment：debates on meaning and cognition. Oxford，UK：Oxford University Press，2008：33-56.

04

第四章

具身教育的学习观、课程观与教学观

教育有了具身认知科学和人工智能技术作为支撑，还需要通过具身的学习、课程和教学来实现实践的具身。只有这样才能走出理论层面，在实践中打造一个人与技术和谐共处、人的主体性充分彰显的智能时代的诗意栖居的教育世界。为此，需要确立具身的学习观、课程观和教学观。

第一节 具身的学习观及其设计原理

英国哲学家迈克尔·波兰尼（Michael Polanyi）指出："我们每一次对世界的认识都依赖于业已习得的隐性知识，而这些隐性知识是通过'外界环境刺激我们的身体，身体针对这些刺激或影响做出相应复杂反应'这一系列过程形成的。[①]"从这一视角出发，我们可以认为学习是一个由身体领导，并通过与环境的交互作用不断适应外界文化，进而获取具身的知识——基于个体经验与实践行动的知识——的过程。这种具身的学习以身体及其感觉运动系统的活动方式或经验为主体，在身体及其感知系统与外界环境相互作用的过程中，根据由感觉运动系统带来的心理和情感变化，从而做出相应的身体反应。

具身的学习观认为，知识以一种文化形式存在于这个世界，它与我们的身体、特定情境同在，是一体化的，而不是外部或内部的，学习是一个人的脑、身体与特定情境交互作用的知识体验过程，它强调学习者的行动和知识的具身建构，主张通过行动来理解、内化和迁移知识。它坚持以下几个基本立场：第一，学习是境脉化的。它可以发生在任何时间、任何地点、任何一种文化背景和语言环境、任何一个由特定人物组成的小团体中。学习是否有效和有意义取决于其所处的整体境脉。第二，学习是身体力行的。它需要身体的参与，需要反复实践和亲身经历，不论学习什么，身体在促进学习者

① POLANYI M. Knowing and being[M]. Chicago: University of Chicago Press, 1969: 147-148.

的意义理解和反思体验上都发挥着不可忽视的作用。第三，学习是基于感知的。学习者的行为和认识依赖于自身的知觉、感受和经验，即使在最理性的时刻，思维也不是单纯地依靠形式逻辑，它同样需要建立在感知的基础上。

一、具身认知理论的学习观

具身认知理论认为认知存在两种基本模式。当我们沉浸在某种即时互动游戏中时，往往只是身体的感觉运动系统在认识。如果有反思，也只是少量的。当我们停下来思考感知和行动的过程时，则采取了另一种不同于身体经验的认知模式，即反思。理解这两种认知模式——基于身体感知的即时性行动和借助技术工具的结构化反思——的差异和联系，对理解具身学习非常关键，因为教育工作者在实践中努力追求的正是引导学习者沉浸式身体行动和结构化自我反思的协调发展。

（一）基于身体感知的即时性行动

在具身认知理论看来，认知是有时间压力的。从这一观点看，具身认知强调基于身体感知的即时性行动。当情境要求认知主体快速、连续地做出反应时，认知主体无法形成关于环境的完整心理模型以获得行动计划。这种诱发现象被称为“表征瓶颈”（representational bottleneck）①。例如，食肉动物必须在极短时间内敏捷、连续地做出准确反应，以免情境将某些重要信息立即覆盖或分散，降低其捕获其他动物的可能性。生活在同一环境中的人，要想成功应付这些掠夺者，更需要同等甚至更高的反应速度——必须在多变情境将各种细微表征冲洗殆尽之前完成整套认知工作。也就是说，认知是实时的，它必须依据主体在与环境交互作用的压力下如何活动来进行理解。

正因为表征瓶颈的存在，学习者在面对一些特殊的学习任务时，几乎没有过多的时间去思考和建立最佳的反应机制和行为模式。这导致其知觉行动

① EPELBOIM J. Deictic codes, embodiment of cognition, and the real world[J]. Behavioral and Brain Sciences, 1997, 20（4）: 746-746.

和学习结果往往伴随着很多偶然。学习者当下的直觉反应成为具身学习的主要形式。准确地说，这是一种混合反应，即学习者在先天本能的基础上，加上后天学习经验的积累，在某一瞬间对某一事物做出的一种及时表现。它几乎是自动化的，内嵌于一个“感觉—行动”的动力循环过程中。当认知活动开启后，不断涌入的感觉信息将通过持续影响学习者的快速认知加工而影响任务完成过程中与外界环境的交互。正是基于感知和行动的耦合性交互和持续性牵引，学习者实现了认知活动的自动化运作。

（二）借助技术工具的结构化反思

并非所有的认知活动都内在地涉及时间压力。在多数情况下，我们还是可以在相对悠闲的状态下完成认知活动。这主要体现在结构化反思上。结构化反思要求学习者通过回顾和反思自己的真实体验，用一种全新方式去分析和理解同一内容。反思的对象既可以是学习发生的故事情节，也可以是学习者自身的行为、接触过的物体、观察到的现象、获得的学习结果及其他与学习经历相关的任何事物。实际上，将这些经历纳入学习者反思的对象之中，意味着要关注并重视它们对概念理解、问题解决及经验建构等过程的影响。而反思之所以是结构化的，是因为它需要由一些即时特定的提示、循序渐进的问题、巧妙适合的情境、有组织的讨论及其他相关活动来引导，以促进学习者深层次、系统化地思考某一问题。

此外，高效的结构化反思还离不开技术工具的支持。恰当的反思工具在帮助学习者实现内部知识和外部行动之间的耦合关联上发挥着重要作用①。为提高学习者反思的质量，技术一方面要有助于表达人的思维，可视化人的结构化思考、理解性记忆和自由式联想；另一方面还要有助于描述人的经验，再现人的所见所闻、行动过程和学习结果。良好的技术工具不仅能够帮助降低学习者的认知负荷，使其腾出更多的认知空间与资源用于反思经验和思维

---

① CHRETIEN K, GOLDMAN E, FASELIS C. The reflective writing class blog: using technology to promote reflection and professional development[J]. Journal of General Internal Medicine, 2008, 23 (12) : 2066-2070.

间的互动[①②]；而且还能有效延伸学习者的认知能力，使其获得身临其境和记忆犹新的学习体验，进而丰富并拓宽反思的内容与范围[③④⑤]。从这一意义上来说，技术工具的选用是具身学习设计中需要重点考虑的要素。

目前，各种社交媒体的迅速发展，为人与人之间的远距离互动和反思性对话创造了新的机会[⑥]。社交媒体对反思的作用不仅体现在其交流的方便性和多样化，从而在一定程度上引导并激发了学习者反思的热情和潜能；还体现在它能够即时记录人际会话经过，从而为学习者事后的自我反思提供原材料。虚拟现实、增强现实等新兴技术日益发展成熟，为建立人与技术之间的具身关系奠定了坚实基础。所谓人与技术之间的具身关系，即“（人–技术）→世界”：技术作为人与世界之间的中介，被视为某种“透明”的东西，它仿佛与我们的身体融为一体，共同参与到对世界的感知与经验中[⑦]。这种具身关系的建立有助于增强人与环境交互的真实体验，提高学习者参与学习的在场感，让学习走向即时性行动和结构化反思协调运作的反思性实践。

---

① MAYER R E, MORENO R. Nine ways to reduce cognitive load in multimedia learning[J]. Educational psychologist, 2003, 38（1）: 43–52.

② HUANG Y M, HUANG Y M, LIU C H, et al. Applying social tagging to manage cognitive load in a Web 2.0 self-learning environment[J]. Interactive Learning Environments, 2013, 21（3）: 273–289.

③ BIRCHFIELD D, THORNBURG H, MEGOWAN-ROMANOWICZ M C, et al. Embodiment, multimodality, and composition: convergent themes across HCI and education for mixed-reality learning environments[J]. Advances in Human-Computer Interaction, 2008.

④ WHEELER S. Learning space mashups: Combining Web 2.0 tools to create collaborative and reflective learning spaces[J]. Future internet, 2009, 1（1）: 3–13.

⑤ BIRCHFIELD D, MEGOWAN-ROMANOWICZ C. Earth science learning in SMALLab: a design experiment for mixed reality[J]. International Journal of Computer-Supported Collaborative Learning, 2009, 4（4）: 403–421.

⑥ LAMY M N, GOODFELLOW R. “Reflective conversation” in the virtual language classroom [J]. Language Learning & Technology, 1999, 2（2）: 43–61.

⑦ IHDE D. Technology and the life world: from garden to earth[M]. Bloomington: Indiana University Press, 1990.

（三）反思性实践：行动与反思的协调运作

行动与反思是具身学习中两个非常关键的概念。具身学习不仅需要学习者身体的积极参与和投入，同时还更需要其对特定情境中的自身行为、感受、思想和经验等进行主动反思和感悟。前者表现为快速的、习惯性的、不易做出调整的直觉反应，是一种以感性为主导的学习；后者则表现为慎重的、精细的、旨在实现优化的深入反思，是一种以理性为主导的学习①。这两种认知模式并不一定是相互矛盾的。相反，它们之间具有内在的、相互影响的深层次联系。因为行动直觉不仅来源于身心感觉，即感觉直觉（intuition-as-feeling），还来源于专业知识，即专业直觉（intuition-as-expertise）②。具身学习的观念不否认理性的作用，大脑中计算和表征活动所发挥的作用不容忽略，只不过这些活动“是局部的和面向行动的，而不是客观的和独立于行动的”③④。大脑通过利用局部的面向行动的内部表征来解决问题，身体作为中介调节着大脑的输入与输出，环境则以支架的形式在整体行为的融贯中施展出效应，三者之间复杂的交互作用产生了行动。可见行动不是纯粹的身体变移，也不是单一的意念活动，而是表现为身体、心灵与环境的互动⑤。

同样，反思也离不开行动。它涉及认知主体的感觉直觉、身体行动和内部情感等方方面面，可以说理性、感知和情绪等均交织其中。在美国当代教育家、哲学家舍恩（Donald A. Schön）看来，反思具有三重含义：一是在

① KAHNEMAN D. A perspective on judgment and choice: mapping bounded rationality[J]. American Psychologist, 2003, 58（9）: 697–720.

② SADLER-SMITH E, SHEFY E. The intuitive executive: understanding and applying “gut feel” in decision-making[J]. The Academy of Management Executive, 2004, 18（4）: 76–91.

③ CLARK A. Being there: putting brain, body, and world together again[M]. Massachusetts: The MIT Press, 1998.

④ KEIJZER F. Representation in dynamical and embodied cognition[J]. Cognitive Systems Research, 2002, 3（3）: 275–288.

⑤ 杨国荣. 成己与成物——意义世界的生成[M]. 北京：北京大学出版社，2011.

行动中反思，这关涉直觉和经验；二是对行动中反思的反思，它关涉思考和描述；三是对反思描述的反思，它关涉理性和建构①。在以“行动中求知”和“行动中反思”为特征的反思性实践（reflective practice）中，行动和反思是互补的。行动拓展反思，反思指导行动。当下的反思大多靠直觉，具有自发性和内隐性，这看似“冲动”，却凝聚了学习者全身心的关注和投入。当学习者对其行动中的反思进行描述时，内隐的默会知识就会逐步被显性化。当学习者对反思描述进行反思（主要表现为对实践的批判和对经验的检视）时，综合的实践性知识就会渐次形成。

由此我们可以认为，具身学习是一种“学习中行动→行动中反思→反思中实践→实践中建构”的螺旋式上升过程。学习者在特定思想、观念的引导下展开对世界和人自身的多方面作用，即“学习中行动”。其间不断对思想观念、行动本身及其成效进行思考和自省，即“行动中反思”。在此基础上，将反思的结果转化为现实的行动，即“反思中实践”。最终，在实践中建构出更实质、更综合的知识框架和行动经验，即“实践中建构”。显然，这是一个行动与反思协调运作的过程。它注重身与心的统一，强调实践与经验的互动。处于这一过程中的学习者就是一名“反思性实践者”。他积极地通过“在行动中反思”和“对行动的反思”构建身心合一的个体实践性知识。

二、具身学习设计的基本原理

具身的学习在外部表现为即时性行动和结构化反思的协调运作，在内部表现为以隐喻和模拟为认知机制的概念意义的动态生成。不论是前者外显的反思性实践模式，还是后者内隐的神经系统涌现机制，都蕴含着具身交互促进经验建构的教育本质。从认知的动力系统理论所揭示的具身学习的动力机制看，具身学习的设计应促进认知的物理、生理和心理过程耦合性交互的系统循环，助力学习者心灵、身体和学习环境的互利共生的彼此建构。

---

① SCHÖN D A. Educating the reflective practitioner：toward a new design for teaching and learning in the professions[M]. San Francisco：Jossey-Bass，1987.

（一）具身学习的动力机制：基于复杂动态系统视角的理论考察

具身学习是一个从混沌到明晰、从细碎到完整的不断演进的过程。它强调学习过程与环境事件的紧密联系，主张学习者最大限度地利用内部心理资源和外部环境条件，以达到心智、身体和环境之间的动态平衡①。因此，与其说学习是始于外部环境的刺激或自身动力的建立，不如说它始于认知动力系统的失衡，即心智、身体和环境之间的不平衡。在学习者成长和发展的过程中，由于其本身或环境条件的变化，原有认知动力系统的平衡会被打破。为适应外界学习文化，系统因子会针对这些变化做出及时调整，产生一系列连锁的复杂反应，以求在更高水平上达到新的平衡。

认知动力系统理论认为，心智、身体和环境之间的动态平衡离不开系统内相关因素的交互作用。这些交互作用对学习者来说反映在其感知与行动、行动与反思的协调运作上。感知、行动和反思既具有相对独立的意义，又具有相互关联的系统关系。具体而言，感知、行动和反思建立在身心统一的基础上，展开于人与世界的关系，其内在的指向是通过人的身体、心灵与世界的互动，使人和世界发生一定的变化。这种变化包含两重含义：一是感知、行动和反思作为特定的存在形态，其发生和展开本身体现了人和世界的变化，这是它们的基本意义；二是感知、行动和反思在发生和展开的过程中，也使人和世界发生了不同形式的变化，这是其系统性的体现。

感知、行动和反思总是归属于一定的认知系统，并构成其中的某一环节。它们也唯有置于其从属的系统中，才具有完整的意义，才能体现出自身的价值。用生态心理学的话来说，这是一种“共生”的概念。因为脱离感知的行动是盲目的，脱离行动的反思也是肤浅的，反之亦然。行动的产生既有来自感知的引导，也有来自反思的启发。它们相互促进，又彼此限制。具身学习以身体及其感觉运动系统的活动方式或经验为主体，在身体及其感知系统与外界环境相互作用的过程中，根据交互产生的物理、生理

① 叶浩生. 身体与学习：具身认知及其对传统教育观的挑战[J]. 教育研究，2015（4）：104-114.

和心理变化，自组织地做出与之适应的系列反应，不断推进具身交互的耦合循环，从而实现环境、身体和心灵的自我建构。此处需要说明的是，交互维系的物理、生理和心理的耦合循环分别对应于环境、身体和心灵的复杂活动。

（二）具身学习的三元交互：物理、生理和心理过程的耦合循环

理解维持物理、生理和心理过程的耦合循环的交互机制是设计具身学习的重要前提。物理过程是指外界环境对人体器官的刺激过程，如冷暖、阴暗、色彩、气味、动静等物理刺激。生理过程是指神经系统的激活过程，即神经冲动形式的信息传导与经验模拟过程。心理过程则包括感知、记忆、思维等形式的认知过程，对客观事物的某种态度体验的情绪过程，以及有意识地克服各种困难以达到特定目标的意志过程。这三大过程是耦合循环的。外界物理刺激作用于人体器官后，将转化为神经冲动传入大脑而产生感觉和知觉，大脑调动先前经验的记忆、思想、情绪和意志等，以神经模拟的形式对各种知觉状态进行深度加工，综合形成对客观事物的整体认识，并继续影响对未知事物的探索。

认知的物理、生理和心理过程的耦合循环形成了一个动态的有机系统。耦合是指外界环境、神经系统和个体心智的输入与输出之间存在紧密配合与相互影响，并通过交互作用从一侧向另一侧传递信息的现象。循环是指“物理刺激—生理反应—心理加工”之间的循环，以产生对事物螺旋式上升的认识。只是，由于身体和心灵之间的密不可分，人们往往将生理反应和心理加工视为一个协同作用的整体。二者基于内部神经网络的自组织涌现，产生出应对外部环境刺激的身体行为。这些行为又进一步影响学习者接下来获得的环境“给养”（“affordance”，信息资源、认知工具、学习空间、人际氛围等的统称），并诱发产生相应的学习者“效能”（“efficiency”，学习者采取行动的能力），进而涌现出新的行为……如此形成学习者视角下的“感知—行动”循环。

物理刺激引发了学习者的感知，生理反应和心理加工产生了学习者的行

为。具身学习“感知—行动”循环的交互机制实为物理、生理和心理过程的耦合循环。这种耦合循环不只是简单的从物理到生理再到心理的线性循环，还有复杂的三者之间相互作用推动的非线性循环。外部环境的物理刺激使学习者产生各种生理反应的同时，也会引起不同的心理联想，形成不同的心理反应。心理加工在调动脑区生理资源进行知觉模拟的同时，也会产生作用于外部环境的特定行动，导致出现不同的物理刺激。这表明，具身学习系统的进化模式是基于因果事物复杂交互的耦合循环。它不存在任何预先制定的认知程序，而是一支自主演绎的以学习者身体、心灵和环境引导彼此脚步的动力学之舞。

（三）具身学习的经验建构：环境、身体和心灵活动的复杂演绎

学习者身体、心灵和环境演绎的动力学之舞，实际上展现的是经验建构的动态过程。具身经验涌现于学习者与学习环境之间的频繁互动。这种互动往往以学习者的身体为基础，以具身的技术为中介，通过学习者身体的延伸和学习环境具身的实现，调节着学习者的在场体验。从认知是具身的视角看，学习者的在场体验有两重含义：一是处于在场的状态——学习者在准备学习时，身体和心理均做好了参与的准备；二是表现出在场的行动——学习者在学习过程中，身体和心理均参与其中。无论是在场的状态还是在场的行动，都发生在特定的学习环境中。可见“在场”反映的是学习者与学习环境的一种特殊关系。其中“在”强调的是学习者身体和心理的共同参与，“场”指代的是学习环境建立的综合空间。

从教育技术学的视角看，学习者与学习环境“在场”关系的建立，在很大程度上取决于人与技术“具身”关系的形成。技术作为学习者与学习环境互动的工具中介，在降低学习者认知负荷、提高学习环境的适应性、调节人与环境的双向建构与互利共生等方面发挥着越来越关键的作用。在认知过程中，技术经过人短期的适应之后就会“抽身离去”，与人融为一体，成为作用于世界的日常经验的一部分，形成“（人–技术）→世界”的具身关系。在这种关系中，技术不再只是一种工具，而是人身体的延伸。它通过与环境发

生直接的交互作用，赋予学习者切身的知觉感受和身体体验，帮助其完成对所学知识的意义建构。随着信息技术尤其是各种可穿戴技术的创新发展，学习者与学习环境之间的交互变得更加真切、自如和丰富，基于在场体验的经验建构自然也将更加深刻、完整和生动。

在具身学习的设计中，技术连接了环境、身体和心灵三大经验建构的主体。一方面，它通过增强学习者的在场体验来提高学习者的身体参与，并产生作用于环境的具身行动；另一方面，它通过外显学习者的思维过程来可视化学习者的心智操作，进而支持学习者开展指导行动的结构化反思。技术支持的具身性行动和结构化反思，激发了学习者身体、心灵和环境之间的频繁互动，维系了认知动力系统的动态平衡，从而实现了人类经验从低级到高级的复杂建构。之所以说复杂，不单单是因为技术让环境、身体和心灵等经验建构主体间的交互变得更加活跃和频繁，更因为经验一旦产生，就会进一步深入到认知动力系统中，反卷、融入和渗透进认知动力系统的运行，实现经验的自我生长。

三、人工智能赋能的具身学习

人们普遍认为，技术的发展变化必然会给学习者带来新的感知和刺激，进而生成学习的内驱力。然而，外在的技术也可能会对学习者产生负面的影响。由于学习的发生离不开身体的作用，它需要感官参与、身心统一和身体力行，游离身外的技术运用若不能有效激发学习者的内驱力，便会降低其效用。人工智能将通过与人建立具身关系，推动技术从“游离身外”辅助学习转向“具身模拟”的“人–技融合”学习[①]。

（一）人工智能赋能知识观变革

传统学习观中，知识的价值常被认为是人类社会共同赋予的，虽然不同个体对知识有不同的理解和运用，但作为一种人类社会通用的“共享符号”，其价值应该是毋庸置疑的。这种观念造就了一种“先学后习”的“学以致用”

① 谢泉峰，刘要悟. 具身模拟：人工智能赋能的学习变革[J]. 课程·教材·教法，2020，40（12）：116-122.

模式，学习者是否理解知识的深刻和复杂的含义并不重要，重要的是要学会先将这些知识储存起来以备将来取用。人工智能的优势在于：它可以通过具身模拟学习者本人，在学习行动尚未开始前就先体验各种知识在不同环境、条件下学习者可以达到的应用效果，帮助学习者发现这些知识对于自身而言的独特价值，使学习者可根据其价值来选择学习，形成“先习后学”的“致用以学”模式。这种模式下，知识不再是抽象的符号，而是与学习者未来人生体验和专业发展紧密关联的具身经验。

（二）人工智能赋能有意义学习

当前，信息技术对学生学习的影响，形式大于实质，技术大多作为“工具”被整合进课堂，缺乏深度融合。人工智能在推进信息技术与学生学习的融合上具有显著优势，它将作为一种独特的要素融入学习生态结构中，强调知识生成的建构性和学生学习的自主性。具体来说，人工智能将推动信息技术锚定学习者本人，帮助学习者实现有意义的学习。例如，利用网络学习空间具有的“采用实名制度”“账号终身使用”“组织功能强大”等特点，系统收集学习者的学习行为数据，精准构建学习者画像，建立学习者认知模型，可实现人工智能技术对学习者的具身代入，推动学习者对知识的具身式理解，从而构建起知识与生活世界、知识与原有认知结构之间的有机联结。

（三）人工智能赋能个性化发展

未来人工智能时代的学习将迎来的是“人机共学”现象，随着弱人工智能（artificial narrow intelligence）向强人工智能（artificial general intelligence）转变，机器辅学将转向人机协作、人机共学。届时，应用于课堂学习的智能技术将不再作为传统简单技术的替代品而出现，而是会形成技术工具与学习文化、学习主体的重新适应。人工智能可利用其独特的“具身代入”优势为学习者赋能，它使技术不再表现为单纯由外部向学习者直接或间接施加各类刺激的工具，而是积极促发学习者的本体回归，通过具身模拟学习者的学习，帮助学习者更清晰、全面地认识自我、认清现实、把握未来发展的机会与可能，进而理解学习对其自身发展的独特意义，实现自由的个性发展。

第二节　具身的课程观及其构建原则

在具身认知看来，传统课程承载的都是离身的事实性信息，这些事实性信息只能促进学习者浅层的概念理解，若让学习在更加深层的意义上展开，需在课程中加入来自学习者身体对这个世界和环境，包括课堂和课程内容的鲜活感知与认识，把课程关注的焦点从外在于学习者生活经验的严整知识体系深化拓展为主体对知识客体持续不断的经验以及二者之间的双向建构与协商。从这一意义上讲，具身的课程是人们在经验中形成和塑造的课程，而这些课程最终又将成为他们生活经验的一部分①。

一、具身认知理论的课程观

具身认知理论对人类认知的重新认识引发了人们对课程本质的反思。一方面，具身认知理论反对传统课程“离身”取向的认识论，倡导认知的“具身性”。这种“具身性”具有双重意义：它既包含身体作为活生生的、经验的结构，也包含身体作为认知机制的环境或语境。具体来说，认知依赖于人的各类感知经验，这些经验来自人具有各种感觉运动能力的身体。与此同时，人的各种感觉运动能力自身又嵌入在一个更加广泛的生物、心理和文化情境中②。在具身认知理论的视角下，课程内容既要与学生、教师的经验相融合，通过知识与身体、知识与心灵、知识与行动的对话，实现学科知识与个人经验的双向构建；还要与知识产生的情境相关联，通过知识与自然、生活、情境的互动，促进学科知识与生活世界的共同生长。

① KRIDEL C. Encyclopedia of curriculum studies [M]. New York：SAGE Publications，2010.

② VARELA F J，THOMPSON E T，ROSCH E. The embodied mind：cognitive science and human experience[M]. Cambridge，Massachusetts：MIT Press，1993.

另一方面，具身认知理论关注课程创生的整体性和复杂性。课程不是一个线性的、封闭的、程序化的简单机械系统，不是一个处于教师、学生和情境等之外的孤立、静态、固化的实体性存在，而是一个非线性的、开放的、自我生成的有机整体，是教师与课程、学生与课程及其他因素与课程相互对话、协商和交融的复杂网络，它充满着偶然性、复杂性和不确定性①。因此，需以一种整体的、全局的、关联的方式理解课程。课程没有预设的开始，开始只在于存在的瞬间，个体经验注入特定情境中，一种充满生机和永恒变化的复杂性模式也就生成了②。教师、学生及学科知识三者在特定情境中交织在一起，它们之间的关系并不仅仅是一种因果关系或系统性的逻辑理性关系，还是一种包含个人与知识、知识与世界的创造性对话的鲜活动态关系。

二、具身课程构建的基本向度

从反思性实践的认识论和具身认知的科学出发，具身课程的构建既是现实生活的经验世界这一特定时空中个体基于身体、心灵和环境的交互获得生命发展的过程，也是课程内容随个体经验的改造而不断进化的过程。因此，需要回归现实生活的经验世界，基于具身的经验，整合技术的功能，实现参与者身体、心灵与环境的持续交互，在身体、心灵与环境的持续交互中促进课程叙事框架与学生学习轨迹的双向融合，实现具身课程构建的螺旋式上升。这构成了具身课程构建的基本向度。

（一）回归生活的世界，促进课程叙事框架与学生学习轨迹的融合

具身课程的构建是在现实生活的经验世界这一特定时空中展开的。在具身课程的构建中，要努力促进课程叙事框架与学生学习轨迹的双向融合，让世间事物更多地进入个体成长中，让学习者的生活经验尽可能地融入课程叙事境脉，拓展教育与学校、社会及生活的普遍联系，促进学生

① 张良，陈玥. 论西方课程研究的复杂性转向[J]. 全球教育展望，2014，43（5）：3-10.

② DOLL W E，FLEENER M J，JULIEN J S. Chaos，complexity，curriculum and culture：a conversation[M]. New York：Peter Lang，2005.

经验发展与其课程学习的深度融合，最终推动整个教育生态系统的可持续发展①。

叙事提供了一种方法，它可以帮助我们组织和领悟自身经历②，评价自我行动和理解个人意图③，进而实现知识的有意义建构④。课程叙事框架与学生学习轨迹的融合，则是要基于课程“给养”网络（支持学生学习的所有事实、概念、工具、方法、代理乃至人等要素的汇集）与学生“效能”集合（与“给养”相对应并发生相互作用的学生行动能力的集合）的耦合关联，实现学习内容与学习情境的相互映射，学习目标与学习行为的彼此适应，及课程教学结构和学生知识体系的双向建构。

在具身课程系统中，存在着诸多相互界定和彼此影响的“给养–效能”匹配关系，整体而言是“给养”网络与“效能”集合的复杂耦合关系，这种耦合始于某一特定意向（intention）。从生态学的视角看，该意向无论是源于学习者（获取新知）还是学习环境（塑造自身）都无关紧要，因为它们都将在同一现象（系统进化）中存在。因此课程构建的主要任务是设置相关意向，并帮助学习者有意义地与“给养”网络进行交互作用，使其在实现特定学习目标的“感知—行动”循环过程中自然地融入系统，创造自己独特的生活世界。这就要求教育者设计具有弹性的课程叙事框架。课程构建者不仅要提前预设涵盖课程目标、内容和思想等在内的框架叙事（frame narrative），为教师真实的课程教学提供方向性的指导，还要紧密结合体现教师个人信仰、关注学生兴趣需求和匹配特定给养与效能的任务叙事（task narrative），从

① BARAB S A, DODGE T. Strategies for designing embodied curriculum[M]// MICHAEL S J. et al. Handbook of research on educational communications and technology. New York: Routledge, 2008: 97-100.

② KEARNEY R. On stories[M]. London, UK: Routledge, 2002.

③ CUNLIFFE A, COUPLAND C. From hero to villain to hero: making experiences sensible through embodied narrative sensemaking[J]. Human Relations, 2012, 65 (1): 63-88.

④ DELAFIELD-BUTT J T, ADIE J. The embodied narrative nature of learning: nurture in school[J]. Mind, Brain, and Education, 2016, 10 (2): 117-131.

而给予师生一定程度的课程自主创设空间[1]。

（二）引入具身的经验，实现学习者身体、心灵与环境的持续交互

在现实生活的经验世界这一特定时空中，课程叙事框架与学生学习轨迹的双向融合是通过作为课程参与者的学习者身体、心灵与环境三者之间基于具身经验的持续交互实现的。课程在经验中生成和进化，但并非所有的经验都具有教育意义，只有具身的经验才能引导课程的构建。具身的经验必须符合以下两个标准：一是交互性，即经验必须产生于参与者身体、心灵与环境的交互作用；二是连续性，即经验不仅要关联学习者过去的生活经验，还要指向学习者未来经验的获取[2]。具身经验的交互性与连续性的结合，推动着课程由低级到高级的动态构建。显然，经验具身是课程具身的前提。换言之，要构建具身的课程，需引入具身的经验。

身体作为具身经验的主体，在课程构建过程中有着不可替代的地位。所有的经验都与我们活着的身体息息相关，倘若没有一个心理物理的主体，我们将无从感知、行动和认识。在身体的中介作用下，学习者协同外部感知与内部反思的相关内容，与周遭环境进行频繁互动，从而获取关于世界和自我的完整经验[3]。从课程构建的视角看，经验中的学习者不仅是感知运动的身体（sensorimotor bodies），还是反思性的心灵（reflective minds），更是社会性的存在（social beings）。这三重生命交织在一起，并与课程内容、课堂环境等发生相互作用，共同推动着课程叙事框架与学生学习轨迹在现实生活的经验世界这一特定时空中不断发展与交融，实现具身课程的生成与进化[4]。

---

① SHKEDI A. From curriculum guide to classroom practice: teachers' narratives of curriculum application[J]. Journal of Curriculum Studies, 2009, 41（6）: 833-854.

② DEWEY J. How we think[M]. Mineola, New York: Dover Publications, Inc., 1997.

③ BENGTSSON J. Embodied experience in educational practice and research[J]. Studies in Philosophy and Education, 2013, 32（1）: 39-53.

④ NGUYEN D J, LARSON J B. Don't forget about the body: exploring the curricular possibilities of embodied pedagogy[J]. Innovative Higher Education, 2015, 40（4）: 331-344.

基于具身经验的课程建构强调三个方面的工作。一是学习者身体与心灵的合二为一，具体表现为学习者外部感知与内部反思的协调运作及其基于此作出的整体判断。具身经验中的学习者是一名反思性实践者，其经验转化伴随着身体行动和大脑思维的综合判断，学习者身心与情境材料之间的反思性对话推动着课程构建的总体进程。二是学习者与学习环境的交互作用，它涉及环境给养与个体效能之间的平衡关系，并维系着整个课程生态系统的生命力。环境给养与个体效能之间的匹配耦合，潜藏着学习者与环境交互作用的丰富可能性，是课程的内生动力。当这些可能被激发时，课程便进入了自我生成的模式。三是感知与行动的耦合循环，这集中反映在学习者经验建构的主动性上，即经验的建构不再单纯地依赖记忆和模仿，而更需要表现为“感知—行动”循环的持续发现和反思性实践。

（三）整合技术的功能，为具身课程的构建提供有力的工具中介

“一切存在的基本形式是空间和时间。[①]”人的实践是社会时空的本质，而技术是社会时空变化和发展的决定性力量，深刻改变着人的活动的社会时空结构。不管是具身经验强调的身心与环境的持续交互，还是生活世界追求的课程叙事与学习轨迹的有效融合，都离不开技术的中介作用。一方面，技术作为人体的延伸，扩展了学习者的感知行动能力，增强了他们在学习环境中的在场体验，并作为认知动力系统的一部分参与到身体、心灵与环境的交互中，共同推动着课程和学习者持续向前发展。另一方面，技术作为时空构建的工具，赋予了课程与学习新的无限可能，它通过具象地显现事物多维、丰富的意义，拓展外界事物与经验个体的内在联系，激发课程给养与个体效能之间的互动，促进课程叙事框架与学生学习轨迹在个体经验的过程中逐步走向深度融合。

首先，人与技术之间的具身关系，为课程学习的具身体验奠定了坚实基础。伊德将人与技术的具身关系描述为“（人–技术）→世界”，其中技术以一种特殊方式融入人知觉的、身体的经验中，成为其对生活世界日常经验

① 中共中央编译局．反杜林论[M]．北京：人民出版社，1999：52.

的一部分[①]。在具身课程不断展开的过程中，技术连接了学习者和学习环境，学习者借助技术进行感知，并以一种部分共生的形式（人与技术融为一体）和学习环境发生相互作用，从而获得与课程内容相关的个人经验。信息技术的飞速发展满足了学习者身体能力向外拓展的需要，不仅提升了学习者探测未知世界的知觉能力，还扩大了其与环境交互作用的时空范围，在课程构建中，主要体现为学习者借助技术工具突破生理极限，通过技术具身近距离地与认知对象进行深度交流和频繁互动，寻找个体生命发展和课程内容进化新的可能。

其次，技术拥有的时空构建能力为课程内容与学习者经验的交互融合创造了新场域，丰富了交互内容与形式。课程作为一种关涉多种势力交互作用的教育生态[②]，至少存在认知（knowing）、行动（acting）和存在（being）三大实现和维持其生态平衡的动力因素，其中存在是课程生态系统的核心，认知和行动决定着课程意向的实现过程。技术构造的新时空将课程涉及的各类要素和课程生成的动力机制有机结合在一起，生成一个复杂的生态系统。在该系统中，信息在不断流动，经验在持续改造，学习者也在“感知—行动”循环中进行自我构建。在这一过程中，技术作为工具中介的作用不断得以展现：调动了学习者信息探测的多重感觉器官，突破了师生交流互动的时空限制，赋予了学习者沉浸式的真实体验……技术作为人与世界进行交互的工具中介，在具体而实际的情境中影响着学习者的思维和行动，并构成了其认知活动不可分割的一部分。反过来，人与世界的交互关系，也被无形地整合进技术之中，内在地影响技术的意向性，并反馈到技术构建的时空中。二者结合在一起，共同塑造了课程叙事框架和学生学习轨迹双向融合的生活世界。

---

① IHDE D. Technology and the life world: from garden to earth[M]. Bloomington: Indiana University Press, 1990.

② BARNETT R, COATE K. Engaging the curriculum in higher education[M]. Berkshire: Open University Press, 2005.

最后，根据法国哲学家加塔利（Felix Guattari）的三种生态观[①]——环境、社会关系和人类主体性作为生态系统的三大生态注册者（ecological registers），是检验生态健康与否的重要维度。生态不只是一个内含人类主体性的环境问题，更是一个充满社会关系的文化问题，环境和社会关系构成人类生活的生态情境，一切生态实践都需要关注人类的生活世界。课程生态系统也一样，要为支持学生扩展他们的生活视野提供更多的机会[②]。这就包括：让科学知识走出课本，真正面向人类生活的技术实践；让课堂教学走出教室，步入技术创设的多样化学习环境；建立人与技术、人与环境的具身关系，增强学生知识探索的在场感；利用数字时代的社交媒体，发展基于课程的人际互动和社会网络；弱化课程标准，增强人的主体性，并为学生主体性的发挥提供丰富的技术和环境支持。

三、人工智能支持下的具身课程

伴随着人工智能等技术的发展，未来课程将更加多元化、生活化和个性化。人工智能将推动课程观由以“复制”为中心向以“经历”为中心转变，促进学习者将知识融入自我体验、成为个人叙事。当前人工智能技术的发展，已经可以较为容易地在有限时空内再现知识产生的情境和过程，由此也更容易让学习者经历知识。未来的课程将是“人机结合”的课程。人工智能将推动学校课程从单纯强调学科内容向强调学习者的经验和体验转变；从注重教材的权威性和唯一性向注重教师、学生、教材与环境等多元化整合转变；从只注重显性课程向显性课程与隐性课程并重转变；从注重技术理性向注重实践理性转变。

从具身认知的视角来看，人工智能既可以实现更加方便的人机对话、人和物对话，帮助学习者完成更加复杂的互动过程，把课程具身带向更加开放的空间；又可以实现课程的泛在化和流动化，促进知识与生活、知识与社会

① GUATTARI F. The three ecologies[M]. London: The Athlone Press, 2000.

② WANG C L. Curricula without boundaries: developing an ecological connection for higher education curricula[J]. Educational Philosophy and Theory, 2014, 46(13): 1402-1411.

实践的有机融合，实现“课程即成长”。基于此，我们也可以将具身的课程理解为让学生实践生活、丰富生活和创造生活的过程。在互联网、物联网、混合现实等新技术的支撑下，学校、家庭、社区、田野等场所都是学习的课堂，在校学习与居家学习、社会化网络与新乡村运动并存。因此，未来书本是流动的，课程也是流动的，课程学习与社会生活将融为一体。例如，芬兰基础教育课程改革提出的“现象教学”概念，就是一种立足于学生生活，确定学习主题，将不同学科知识融入主题性的课程模块，实现跨学科学习的具身课程。

（一）人工智能支持的课程编制

人工智能为课程编制者和学习者带来的最大贡献之一，在于它可以实现自动化地处理信息，把有关信息按所需的方式呈现出来。理想状态下，未来的课程在表面上看可能是几个简单的模块，每个模块下也只有几个简单的主题词。然而，每个主题词都通向海量的资源，并有各种知识整合的线索，输入这些线索，学习者就会进入信息世界展开知识的“历险”，在不断“历险”中生成自我素养。更为重要的是，一个主题会导向更多的主题，由此知识就像法国哲学家德勒兹（Gilles Deleuze）提出的“块茎”那样，从各个地方生长出来。

另外，人工智能也能给课程内容呈现带来新的方式。例如，多媒体、虚拟现实、增强现实等技术在促进课程内容清晰、可感知上就发挥着重要作用，它不仅能够展示事物变化的过程，还能从不同角度，乃至深入微观细胞内部和到宏观星系之外去展开相关探索。利用混合现实技术，课程内容可以变得更加立体化和富有现实性、互动性，让学习者产生真切的学习体验。此外，人工智能在学习技术的发展上还可以进一步产生这样的可能性：通过智能技术的深度学习，可以实现依据学生学习需求的虚拟情境的进化。智能技术支持的可进化场景使得课程编制不再是一个既定的框架，而是一个开放的、不断进化的世界。

（二）人工智能支持的课程实施

人工智能给课程实施带来了新的景象。首先是课程实施的泛在性，学习者可以随时随地展开学习，实现生活与学习的深度融合。随着互联网、人工智能、物联网等技术的不断发展，数据传输的速度更快，万物互联也越来越容易。学习者可以通过手上的终端设备（如手机、平板、智能手表等可穿戴设备）进行随时随地的学习。更为专业的学习设备就是智能助理了，它可给学习者提供适切的课程，引导其个性化地学习。课程的泛在性让课程走出了校园和教室，回归到人们的生活世界与经验世界，赋予了学习者更加深入的学习体验。

人工智能还在支持课程实施的个性化方面作用显著。自适应学习技术可以有效整合学习者的眼部、面部和脑部行为等个性行为数据，为每位学习者刻画数字肖像，进而为其提供个性化的学习资源与服务①。课程实施的个性化意味着每位学习者在课程实施过程中都可以拥有自己独立的步伐和风格，能够按照自己的进度和方式来学习有关课程内容。与个性化相伴的，是课程实施方式的多样性。基于虚拟仿真、增强现实技术，学习者可以通过可穿戴设备进行人机共融的体验式学习；基于互联网和手机、平板等移动终端，教学者可以与远程教师或智能助理进行互动式学习。智能技术让课程学习变得更加丰富和多样的同时，也更好地促进了学习者身与心的联结，使人的发展变得更加完整。

第三节　具身的教学观及其设计原则

在教学层面，受笛卡尔理性主义“身心二分”的影响，传统上认为教学纯粹是客观知识的传播与流动，无需身体的参与和体验，并在心理的层面上将其视为一种既定的抽象符号表征活动，类似于计算机的输入、加工和输出过程。教师根据预设的教学方法向学生输入官方知识或法定课程内容，这些知识内容在学生的大脑中得到表征和加工，并最终使其做出相应的行为反

① 于泽元，尹合栋. 人工智能所带来的课程新视野与新挑战[J]. 课程·教材·教法，2019，39（2）：27-36.

应，完成输出。这种教学显然是离身的。它坚持通过预先设定教学目标、教学内容、教学方法和教学过程，引导学习者被动进行信息加工和知识匹配，从而产生预期的教学结果。这割裂了人的大脑、身体和外界环境之间的关系，严重阻碍了教师对教学环节的创造性设计和学生对知识意义的协作性建构。为解决这一问题，人们逐渐转向利用具身的观点来指导教学实践，力求创建关涉身体、心灵和环境的鲜活课堂。

事实上，知识涉及的是一项活动，而不是一种物品，它总是被境脉化了的，而不是抽象的，是作为“个体—环境”交互的一部分被建构起来的，而不是客观定义或主观创造的，卷入其中的是整个人，而不是被孤立出来的心智。因此，具身的教学是一种建立在身体、环境和知识表达有机结合基础上的教学。它注重身体感知及其与环境交互的整体性、情境性，强调教学的动态生成性，重视知识的共同创造。在这一视角下，我们可以发现教学空间环境和师生身体对教学效果具有重要影响。教室不只是容纳师生的容器，更是师生“身体”活动的空间场所。它不是束缚身体而是服务于身体的，教学空间环境的合理构建是师生“身体”得以释放和教学过程实现具身的前提条件。另外，具身的教学还强调身体的主体性。当然，这里的“身体”并非笛卡尔所指的“肉身”实体，而是梅洛-庞蒂强调的“知觉”主体。事实上，充分意识到身体各部位在表达知识内容上具有不同作用，是使学习者真正感悟到知识产生过程，并成为意义建构主人的重要保证。

一、具身认知理论的教学观

站在具身认知理论的立场上，教学是师生之间身体的、互动合作的和多通道整合的交互过程①。首先，教学离不开身体，只有身体介入情境，教学才能发生。教学中的身体是整体性、本体性的存在，它不是教学的被动接受者，也不是教学过程中机械记忆、重复训练的工具。身体参与了教学意识活

① RAMBUSCH J，ZIEMKE T. The role of embodiment in situated learning[C]. Proceedings of the 27th Annual Conference of the Cognitive Science Society. Mahwah，NJ：Lawrence Erlbaum，2005：1803-1808.

动，教学意识来源于身体经验。一方面，身体在教学中具有主体性，“身体的主体性体现在它能感知、体验，并通过主客交融的方式来表达经验和建构意义。[1]”身体是教学的体验者、参与者和互动者，身体知觉是学生理解教学内容的基础，学生的身体知觉经表达就成了其具身的知识经验。另一方面，身体在教学中还具有整体性，“身体不是空间中并列的各个器官的组合”[2]，而是一个整体，是灵与肉、知与行的统一。在教学中，身体不是一具躯壳，而是思维与存在的统一体，它不仅为教学提供物质能量，还提供信息能量。学生在教学中的成长体现为身体的成长，但身体成长不只是生理上的，体现为身体各个器官、组织的协调发展，更是心理上的，体现为学生人格日益健全、品行的日渐完善、心理的日趋成熟以及个性的逐渐形成等。

其次，具身的教学观还认为教学是多通道整合的过程。早在20世纪，很多教育学家和心理学家就倡导多通道教学。意大利教育学家蒙台梭利（Maria Montessori）认为，教学应包括视觉、听觉、触觉和运动等多重感官体验，而不只是传统的教师讲和学生听[3]。美国教育心理学家梅耶（Richard Mayer）通过开展系列多媒体教学研究，提出了教学设计的双通道、多媒体等系列原则，并认为采用视觉、听觉等多通道整合的教学方式比单通道教学更能提高学习者的学习效果[4]。相关研究显示，人们通常只能记住阅读事件的10%、听觉事件的20%、视觉事件的30%、视听事件的50%、说写事件的70%以及说做事件的90%[5]。随着计算机、移动技术的发展，一些新兴的教学界面为学习者提供了多通道协调整合的教学平台，如可触电脑、互动电子白

---

① 鹿星南. 论课堂教学中身体的缺失与回归[J]. 中国教育学刊，2018（6）：88-92.

② 杨晓. 知觉教学：身体现象学对教学改革的启示[J]. 课程·教材·教法，2015，35（12）：64-70.

③ DAVIS B.Teaching mathematics：towards a sound alternative[M]. New York：Garland，1996.

④ MAYER R E.Applying the science of learning：evidence-based principles for the design of multimedia instruction[J]. American psychologist，2008，63（8）：760-769.

⑤ ZORN D M. Enactive education：dynamic co-emergence，complexity，experience，and the embodied mind[D]. Toronto：University of Toronto，2011.

板、可操作性教学软件等，这为教师调动学生多重感觉运动器官的参与、组织具身性教学活动提供了便利。

最后，在具身认知理论看来，教学还是交互生成的过程。从生成论的视角来看，人的知觉和经验是由身体产生、受身体调节并与周围环境交互作用的结果。教学不是单纯的知识传输过程，而是教师与学生、学生与学生通过连续的身体互动来交流知识并实现共同生存和发展的过程①。在教学过程中，师生之间的有效互动是影响教学效果的关键。师生互动不只是语言上的互动，还包括身体、情感等方面的互动，而良好的互动需要三者之间的相互配合与促进。教师和学生在运用手势或其他身体动作时，言语和动作结合时间的相近性和协调性、空间的一致性和语义的一致性都可能影响知识的传授和师生互动。综合来看，教学就是在一定的教学情境中，以身体运动为纽带的教师和学生之间针对某一教学内容的合作探究过程，而不是单一的教师知识讲授过程。

二、具身教学设计的基本原则

从具身教学的核心观念来看，其设计应该更加关注教学要素的具身性构建，尤其是要注重教师、学生的具身性参与和教学环境、学习资源的具身性设计。一方面，教师的言语、情绪、行为动作、教学风格等会潜移默化地被学生模仿或产生身体反馈，从而促进学生对相关知识的获取和理解；另一方面，学生的身体自由度及身体参与学习的积极性也会影响其学习效果。教学环境的布局与构造、学习资源的设计与开发则通过调节学生的身体参与度，影响师生的互动质量。为此，具身教学的设计应遵循以下几个基本原则。

一是情境性原则，即要构建具身的教学环境。情境是具身教学活动实施过程中经验建构不可缺少的一个因素，经验建构依赖于特定情境。设计支持学生身体参与的教学环境，是促进学生在体验中学习和感悟的必要原则。教学环境不应是控制学生身体参与的场景，研究表明，不支持学生利用身体和

① RIZZOLATTI G, FADIGA L, GALLESE V, et al. Premotor cortex and the recognition of motor actions[J]. Cognitive brain research, 1996, 3 (2): 131-141.

姿势的学习环境会限制学生的学习①。从课堂教学的空间布局来看，采用U型、圆桌型、组块型或多元组合型等空间布局，可以赋予学生更自由的身体活动空间，有利于激发学生的主体能动性和学习积极性，让教师和学生在自由互动中传递和学习新知识。从教学情境的沉浸体验来看，Kinect体验设备等物理方式可以帮助学习者形成更深刻的感知体验，并给予学习者更实时、更直观的反馈信息，帮助学习者基于自身身体活动的经验以更好地理解相关知识原理。

二是交互性原则，即要促进师生之间的具身交互。交互活动是身体与环境作用产生意义、生成经验的重要环节，交互性是连接身体与情境的纽带，二者之所以能够作用于人类的认知与学习活动，主要原因在于具身交互架起了身体与自然环境、社会环境和文化环境之间的桥梁。教师和学生之间以身体为基础、以环境为支撑的具身性交互是形成具身教学的关键原则。其间，技术在师生交互中发挥着重要作用。技术作为人类活动的中介性工具，在规限着学习者经验活动情境的同时，也在不知不觉中被所处情境同化和改造，并形成一种特殊的技术文化——发展过程中的历史经验，调节着学习者与学习环境之间的关系。学习者在物理空间和虚拟空间逐步走向融合的环境中，通过情境感知设备与教师、同伴或智能知识主体以自然的方式进行交互作用，完成自身经验建构的同时，也推动其他主体乃至教学环境、资源内容的建构。

三是生成性原则，即要注重教学过程的动态生成。在具身认知看来，教学不是一个确定性的线性因果过程，而是一个弹性开放、复杂多维的动态生成过程，是教师和学生共同探究学科知识和生活问题、合作建构知识意义和实践经验的过程。从动力系统理论的视角来看，教学本质上是一个不断进化的动力系统。理解教学，必须依据它在与环境实时相互作用的压力下如何活动，因为教学从来就不是一个简单的观念循环。作为动力系统的教学具有动力系统的一般特征，其未来状态依赖于当前状态，而决定当前状态的因素在

---

① ROTH W M, LAWLESS D V. How does the body get into the mind?[J]. Human Studies, 2002, 25 (3): 333-358.

互动中都处于主动积极的状态。为此，具身教学活动的设计与实施，不能一味按照预设的既定方案去执行，而忽略师生互动过程中产生的新思想、新观点、新方法等，要注重教学目标、教学资源以及交互过程的动态生成性。具体来说，具身教学的生成性原则应该建立在一定预设活动的基础上探究教学目标、教学内容、环境资源、交互活动等教学要素的动态持续生成。

三、人工智能支持下的具身教学

理想的教学过程应该让学习者真正地“融入”与“在场”，使学习结果能够有效地连接学习者的生活经验，促进学习者思维与能力的发展。人工智能能够让学习者置身于多感官系统参与的智能环境中，通过相应设备进行人机交互、获取多模态信息，使学习者在身心一体的交互过程中高度沉浸，实现真实感知和体验的效果。人工智能技术具有强交互特性，能够有效支持学习者的“做中学”过程。

首先，人工智能能够支持具身教学情境的构建，增强学生教学活动过程中的在场感。协同虚拟现实、增强现实等技术，人工智能能够为学习者构建逼真的教学情境，使学习者通过自主探究、合作学习等多元学习方式来亲身实践，完成相应的学习任务。虚拟现实环境的动态性和生成性能够促进学习者在沉浸式的设计制作与感悟体验过程中，深化对学科知识的具身理解。与此同时，学习者在虚拟现实环境中进行探究的过程中，还会不断地产生一系列有别于传统讲授式课堂中的认知冲突，如虚拟世界与真实世界的反差、抽象知识与三维模型的转化等，通过不断调节和解决这些认知冲突，学习者逐渐形成和丰富个人经验。

其次，人工智能能够激发师生的具身交互行为，增强教学过程中学生的参与感和获得感。智能技术的发展为打破交互方式单一、交互参与度偏低、交互深度不够等课堂交互的困境提供了良好的技术支撑与条件保证。智能技术具有诱发多感官协同参与、延展外部信息与心理表征的可达性、支持多模态学习与多模态数据分析的天然优势，打破了信息呈现的单模性、交互形式的单一性及交互过程的抽象性，实现了教学情境的抽象与具象、理性与感性、虚拟与现实的有机结合①。通过听觉、视觉、触觉等进行声音、图像、动作等多渠道、多符号的交互，人工智能能够有效调动学习者多重感官协同参与，促进学习者对知识的多模态理解与多模态意义建构，进而增强学习者的获得感和成就感。

最后，人工智能能够支持课堂教学的动态生成，促进学生心智结构的适应性发展。智能教学系统和智能测评系统是人工智能支持课堂教学动态生成的典型应用场景。智能教学系统是一种自适应学习系统，能够自主指导学生进行知识和技能的学习，其在教学中的应用体现在三个层面上：一是依旧以人为主导，通过建立不同的模型（如学生模型、教师模型和知识模型等）与预先设置的知识库之间进行数据的传输实现智能教学；二是通过语音识别技术接收更多形式的数据，并与知识库进行实时传输；三是通过机器学习了解学生的学习习惯和感知学生的情绪，提供更具针对性的学习路径。此外，随着图像识别、语音识别、大数据等技术的深入发展，类似批改作业、考试阅卷的教学测评活动将逐渐实现自动化、智能化，并为学生提供及时的教学预警。

① 赵雪梅，钟绍春．具身认知视域下促进高阶思维发展的多模态交互机制研究[J]．电化教育研究，2021，42（8）：65-71．

05

第五章

教学交互的具身转向与学习的三重境界

教学交互对教育研究来说可谓老生常谈，相关研究在其类型特征（Moore，1989[①]；Parker，2020[②]）、机制规律（王辞晓等，2023[③]；赵雪梅等，2021[④]）、层次模型（Anderson，2003[⑤]；陈丽等，2016[⑥]；王志军等，2018[⑦]）、教学应用（Kook & Greenfield，2020[⑧]；詹泽慧等，2023[⑨]）等方面成果丰硕。教育是一种具有主体间性的信息型实践，它以耗费脑力、输出信息为主要特征。这决定了教学交互是一种具有主体间性的信息交互，既包括言语的，如文本信息和话语内容等，也包括非言语的，如眼神交流、面部表情、肢体动作等。此外，这种以主体间性为特征的信息交互很多时候不是直接的，而是工具中介的。随着信息技术的飞速发展和深度应用，交互工具的形式日益丰富、功能日益强大，教学交互变得更加快速、便捷，但离调动学习者的主体能动性、创造性还有较大差距。究其根源，在于对教学交互具有的这种主体间性以及技术工具在其间的中介作用认识不够。技术工具

① MOORE M G. Editorial: three types of interaction[J]. American Journal of Distance Education, 1989, 3（2）: 1-7.

② PARKER A. Interaction in distance education: the critical conversation[J]. AACE Review（Formerly AACE Journal）, 2020: 13-17.

③ 王辞晓，张文梅，何歆怡，等. 基于认知网络分析的协作问题解决教学交互规律研究[J]. 中国远程教育，2023，43（5）：43-55.

④ 赵雪梅，钟绍春. 具身认知视域下促进高阶思维发展的多模态交互机制研究[J]. 电化教育研究，2021，42（8）：65-71.

⑤ ANDERSON T. Getting the mix right again: an updated and theoretical rationale for interaction[J]. The International Review of Research in Open and Distributed Learning, 2003, 4（2）: 1-14.

⑥ 陈丽. 远程学习中的教学交互原理与策略[J]. 中国远程教育，2016（9）：5-6.

⑦ 王志军，特里·安德森，陈丽，等. 远程学习中教学交互的研究范式与方法[J]. 中国远程教育，2018（2）：50-59.

⑧ KOOK J F, GREENFIELD D. Examining variation in the quality of instructional interaction across teacher-directed activities in head start classrooms[J]. Journal of Early Childhood Research, 2020（19）: 128-144.

⑨ 詹泽慧，李通德，邹萱萱，等. 智慧课堂教学交互事理图谱的构建与实证：融合知识与事理逻辑[J]. 电化教育研究，2023，44（9）：77-85.

作为人身体的延伸，凝聚着人的间接经验，其具身性是交互主体性实现的先决条件。本书从认知的具身观点出发，揭示了教学交互的三重境界——动手、动脑与动心——并讨论了它们是如何在相互交织中推动学习不断走向真善美的。

第一节　教学交互的具身转向及其对学习者认知发展的影响

对教学交互的理解在很大程度上是由背后的认知科学观决定的。过去，受经典认知科学影响，人们对教学交互的认识长期停留在身心二分、主客二分这一认识论框架中，导致以抽象符号为中介的离身交互在教学中占主导地位，学习者右脑思维发展受限，进而造成人的片面发展甚至异化。教学交互作为一种具有主体间性的信息型实践，以认知的具身观点对其进行审视，将更加有助于实现向以身体信号为中介的具身交互转变，促进学习者全脑思维的发展，进而实现人的自由而全面的发展这一教育的理想与追求。

一、以抽象符号为中介的离身交互及其塑造的左脑思维

经典认知科学认为，认知是计算的，是对抽象符号的加工和操作，符号起始于对脑的输入并终止于来自脑的输出，因此认知只发生在脑中，从而无须关注人的身体及其与外部环境的交互作用①。受此认知观影响，传统意义上的教学交互以言语交互为主（包括文本交互和语音交互），注重学习主体的左脑思维，即逻辑、线性、分析思维的发展。文字、印刷术是离身教学交互的主要平台，其对信息的传播，只能通过抽象符号描述，而无法通过声音、动画、视频等以直观、生动的方式进行展示，导致学生不得不依赖于个人的抽象及形象思维来理解知识和建构意义，难以发挥身体感觉运动系统的认知效用。以传统教室为例，黑板是师生之间信息传递的主要中介工具，也是课堂教学中最基本的物理互动平台，其提供的信息主要是教师讲授

① 劳伦斯·夏皮罗. 具身认知[M]. 李恒威，董达，译. 北京：华夏出版社，2014：29.

过程中的情景内容，教师在口授过程中辅以必要的板书，可增强学生视觉和听觉的联动性，但其锻炼的主要还是主管言语、分析、计算和推理等的左脑。

随着视听技术的发展，投影、幻灯、计算机、电子白板等交互中介开始出现，交互界面的形式和色彩更加多样，很多抽象、无视觉特征的内容可通过图片、动画、视频等画面得以可视化并易于理解，这在一定程度上降低了学习者的认知负荷。多媒体学习理论的创始人梅耶（Richard E. Mayer）指出，科学应用多媒体教学设计的系列原则可有效减轻学习者的外部认知负荷，提升学习者的学习效果①。然而，丰富的交互界面并没有从根本上改变教学交互的实质，该阶段的教学交互主要还是以符号和计算为基础。通过获取键盘、鼠标等的命令和参数，交互中介向学习者呈现特定教学内容，实际上仍然是一个符号输入与输出的过程。对学习者而言，其主要通过视觉或听觉系统来获取符号信息，再按照语义规则进行转译和解读。计算机与互联网技术带来的信息洪流，将学习者丰富多彩的多重感官、共时性的想象力扁平化，非但没有解放人的思想，反而挤占了其深度思考的空间。学习者始终像个旁观者，被动进行着信息的解读与分析，其获取或接收的信息越多，创造性思维就越贫乏②。

尽管信息技术拓宽了人们对信息的感知通道，但脱离身体的心理映射与反馈（集中表现为抽象符号的计算与加工）难以让认知主体形成身份认同，大脑、身体和环境间的联系被割裂，学习者在交互过程中缺乏实感，导致心理认知和身体运动耦合不佳，左右脑协调不够。以抽象符号为中介的言语交互让学习者的左脑思维得到了有效发展，但其右脑思维却被忽视。这场“左脑革命”在信息时代得到进一步延续和加强，左右脑鸿沟不断扩大，右脑功

① MAYER R E. Applying the science of learning: evidence-based principles for the design of multimedia instruction[J]. American Psychologist, 2008, 63 (8): 760.

② 露特·E.施瓦茨，弗里德黑尔姆·施瓦茨. 具身认知：知觉心理学重塑你的世界[M]. 李雪，余萍，译. 北京：人民邮电出版社，2023：231.

能日渐萎缩[①]。经典认知科学主导的离身交互在培养信息时代的左脑思维型人才（如程序员和数据分析师等）上发挥着重要作用，但在全球化、人工智能飞速发展的“创感时代”（conceptual age），“左脑型”知识工作者越来越面临被机器取代的危机，社会对如咨询和护理等需要有共情力、创造力的右脑型工作岗位的需求不断增加，关怀、想象等高感性能力逐渐成为多种职业素养的核心[②]。在这一背景下，亟须引入新的思想资源，推动教学交互由离身向具身、由封闭向开放转变，以激发学习者的右脑思维，促进高感性（high concept）、高体会（high touch）能力的形成与发展[③]。

二、以身体信号为中介的具身交互及其塑造的全脑思维

具身认知与人工智能的兴起为对教学交互的新理解及新实践提供了新的科学基石与技术支撑。一方面，认知涌现于身体、心灵与环境之间的交互作用日益受到教育研究者与实践者的关注和认可，触觉感知、身体运动、共情体验等对认知发展的意义被重新认识。尤其是触觉交互在经验习得中的重要性越来越为人熟知。芬兰建筑思想家帕拉斯玛（Juhani Pallasmaa）甚至提出，所有的感觉包括视觉和听觉都是触觉感官的延伸——皮肤——的特有属性。触摸是感官之母，是人与世界交流的第一媒介，人对世界的大多数认识，也都是建立在最初通过触摸所获得的体验之上的[④]。皮亚杰把儿童认知发展的第一个阶段命名为感知运动阶段可谓眼光独到，有先见之明。德国实践经济学家施瓦茨（Ruth E. Schwarz）进一步指出，我们身体上的每一次触摸都经过生物层面和心理层面的处理，甚至人自己都没有意识到这一点。通过触摸，人将对自我的体验和对世界的体验合为一体，构建了独属于自己的

---

① 托马斯·R. 布莱克斯利. 右脑与创造性[M]. 傅世侠，夏佩玉，译. 北京：北京大学出版社，1992：48.

② 丹尼尔·平克. 全新思维：决胜未来的6大能力[M]. 高芳，译. 杭州：浙江人民出版社，2018：63.

③ PINK D H. Revenge of the right brain[J]. Wired，2005，13（2）：68-72.

④ 尤哈尼·帕拉斯玛. 思考之手：建筑中的存在与具身智慧[M]. 任丛丛，刘星，译. 北京：中国建筑工业出版社，2020：67.

经验[①]。除了触觉感知，嗅觉、味觉等无意识感知也在经验建构中发挥着重要作用，正是这些多感官、多模态的交互，构成了人思想的“修正液”和行为的“助推器”。单一、被动的“灌输”，不仅影响感觉器官的发育，还影响运动技能的发展。

另一方面，人工智能在早期阶段主要关注抽象思维和问题解决，而这些都可以被映射到算法上，因此人工智能被视为计算机科学的一部分。随着时间的推移，人们发现这种观点过于狭隘，无法理解智能的自然形式，必须考虑具身的问题，具身人工智能（embodied artificial intelligence）登上了历史舞台[②]。近年来，伴随着具身人工智能研究不断推进、技术日渐成熟，打破了计算机时代以键盘、鼠标、屏幕等为中介的交互模式，人与世界之间多模态的自然交互方式得到充分模拟。特别是触控技术的迭代升级，实现了人体动觉与肤感的融合，人类可以实时感知或操控真实或虚拟物体。伴随着触觉感知的激活和触摸行动的开启，人的情绪、情感也在一定程度上被唤醒，这将极大地提高学习者的认知效率，因为情感或情绪会组织和激励学习者的行为，进而影响其探索未知领域的动机、目标与进程。如今，触感交互已逐渐成为具身化的社交媒体，并在影视、电子游戏等领域得到越来越广泛的应用。此外，沉浸式技术的发展，能够有效融合触觉、味觉、嗅觉等感知通道，为创设出更自然、真实和具身的沉浸式学习环境提供了有力的技术支撑。通过多通道、多模态的教学交互，可有效调动学习者多感官参与，促进学习者对知识的多角度、多层面理解。

从认知的具身观点看，以身体信号为中介的多感官交互可打破传统课堂交互方式单一、交互深度不够、参与度偏低等困境，进而让知识变得可触摸、可感知和可互动，学习者不再只是隔着屏幕阅读或交流，而是能进行跨时空的面对面对话与合作。在具身智能技术的支持下，学习者的感官系统不

① 露特·E. 施瓦茨，弗里德黑尔姆·施瓦茨. 具身认知：知觉心理学重塑你的世界[M]. 李雪，余萍，译. 北京：人民邮电出版社，2023：68.

② PFEIFER R. Embodied artificial intelligence 10 years back, 10 years forward[M]// WILHELM R. Informatics：10 Years Back, 10 Years Ahead. Berlin, Heidelberg： Springer Berlin Heidelberg, 2001：294-310.

再是消极的接受者，而是积极的探索者。也正是得益于多种感官形式强烈的交互作用，学习的过程不再单调、枯燥和乏味。这种强烈交互赋予人的具身体验与智能技术在延展外部信息和心理表征的可达性上具有的天然优势息息相关，我们的身体和运动系统无时无刻不与周围环境相互作用，技术作为一座桥梁让内心感受通往外部知觉。具身认知科学和人工智能技术主导的多模态交互通过将具象与抽象、感性与理性、现实与虚拟有机融合，将推动教育从生活的边缘走向生活的中心，这对于学习者创造力、交响力（发现系统与整合之美的能力）、共情力（与他人产生共鸣的能力）、艺术感等右脑思维的激发和培养具有重要意义。虽然右脑能够产生直觉突破的创造性，但对于直觉的检验还需左脑来完成，多模态交互有助于促进左右脑的相互补偿、协同和贯通，进而塑造学习者的全脑思维。

第二节 具身交互的心理机制：从动手到动脑的跃迁

简而言之，以抽象符号为中介的离身交互主要表现为动脑的思考，而以身体信号为中介的具身交互则表现为动手的实践。但从具身认知的视角来看，动脑不是抽象符号的加工和运算，而是基于“感觉—运动”特异性模拟的隐喻互动。学习是一个从动手到动脑、从具象思维（右脑思维）到抽象思维（左脑思维）再到左右脑互动（全脑思维）的过程。认知的具身观点为更科学地揭示动手和动脑之间的辩证关系进而在教学交互的实践中实现动手和动脑的统一提供了新的洞见。

一、动手：人与技术具身关系的构建及其支持的在场互动

当今，我们正进入一个万物互联、虚实融合的全真时代，通过智能技术实现对外部环境的全面感知、连接和交互，是教学实现从“在线”向“在场”跃迁的关键。具身的智能技术创造了现实中不谋而合的相遇，包括人与人、人与物之间的相遇，在这一具身的体验中，一种奇特的置换发生——人赋予特定事物或情境以情感和联想，而特定事物或情境给人的是它的可供性

和氛围，这种可供性和氛围会诱发多感官的协同参与，由此活跃人的认知和思维。“场”就是一个人与人、人与物相互影响、交织的氛围；“在场”则是一种时间与空间、主体与客体、本我与他我实时同步的状态。具体到教育场景中，具身的智能技术可打破传统在线教育“意识到位、身体缺席”的状况，能够支持师生、生生之间超越视觉和听觉的多模态综合感知，进而调动师生尤其是学生身体参与认知的积极性，实现学生主体在场。然而，这一切的前提是建立人与技术之间的具身关系，即要实现技术透明，使其成为人身体的一部分，如寓于身体经验之中的眼镜、拐杖等。

在场的必要条件是身体在场。伊德对人的身体做出了三种划分，即能动的、感知的、活着的身体（简称“身体一”），社会和文化建构的身体（简称“身体二”），以及以技术为中介建立的身体（简称“身体三”）[①]。“身体三”作为“桥梁”联结着“身体一”和“身体二”，可改变存在者的处境，该过程也是人与技术具身关系实现的过程。对学习者而言，其使用的技术工具是一种“准延伸”（quasi-extension）的存在，就像“盲人的拐杖”一样，可以成为身体的一部分，由此在与外部环境的交互作用过程中获得真实、具身的体验。具身的智能技术正重塑我们的身体边界，并延伸我们的感知系统，为我们与外部环境的深度互动提供客观条件。之所以说它是客观条件，是因为人与技术具身关系的建立不是技术的被动回溯，而是身体的主动延伸，身体自发地谋划着技术具身的潜能，并将它们转化为现实，丰富我们的经验世界。在具身智能技术的支持下，学习者不仅能触摸到星辰，感受到大海，共情到他人，还能洞察到机会，探寻到意义，认识到自己。

从认知的具身观点看，学习者身体与环境基于技术中介的交互作用是一个“感知—行动”循环的过程，且身体与技术之间的具身关系也是在“感知—行动”循环中建立的。就像锤子和手的界限消失于敲打的行动中一样，学习工具（如触控笔）也会在书写过程中与学习者的身体交融，进而成为手的延伸，并赋予其更强的感知行动能力。正是在这一意义上，麦克卢汉提

① IHDE D. Bodies in technology[M]. Minneapolis, Minnesota: University of Minnesota Press, 2001.

出的“媒体即人体的延伸”才成为数字时代的惊人预言！在今天看来，所谓“媒体即人体的延伸”，意味着技术能够让我们感知到更多的“可供性”——物体及其表面形态为具有特定身体和行为技能的有机体所提供的行动可能性，如移动可供性、社交可供性、生产可供性等。这些可供性是由环境提供的，由具身的人工智能技术构造的高度沉浸的学习环境能够给学习者带来多样化的知觉体验，并对学习内容形成更全面、更深刻的理解，进而习得新的知识、技能或经验。随着经验、技能的提升，学习者开始在所处环境中发现新的可供性，这就是技能发展的“使能性”问题，即由一件事引发另一件事，能力之间产生级联效应，如婴儿学会爬行，然后学会走路，接着改变一个家庭的社会生态。学习环境的可供性影响学习者的感知，进而影响其决策及行动，而这些行动又将决定学习环境为学习者提供哪些新的内容，并再次影响到学习者对环境可供性的感知，如此循环，构成一个复杂的认知动力系统。

二、动脑：感觉—运动的特异性模拟及其支持的隐喻互动

基于人与技术具身关系而发生的在场互动大多表现为可见的、具体的身体活动，但学习是一个反思性实践的过程，不只要动手，更要动脑。在学校教育追求的多样化目标中，认知发展和创新实践首当其冲，因此动手是为了促进动脑，动脑是为了更好地动手，二者是一种相互交织、二元耦合的关系，它们共同构成了一个理论与实践之间相互转化的螺旋式上升的过程，持续推动着教育中“知”与“行”的统一，进而实现人的全面发展。教学交互也不止体现于可见的身体互动，更体现在潜藏、相对抽象的隐喻互动，如语义互动中。概念与意义产生于感知体验，而感知体验又基于人的身体构造（包括具有丰富想象力的大脑），人类用特有的方式感知客体、他人、时空及其相互之间的种种关系，隐喻在其中扮演着重要角色。它不仅构建了我们交流互动的语言，还构建了我们的思维、态度和行为，我们每天所经历、所做的一切都充满了隐喻[①]。在认知的具身观点看来，人们日常生活中

① 乔治·莱考夫，马克·约翰逊. 我们赖以生存的隐喻[M]. 何文忠，译. 杭州：浙江大学出版社，2015：36

使用的很多概念，无论抽象或具体，都是基于知觉体验而得以建构的，如说话很“尖锐”、论据“站不住脚”、这事就是个“烫手的山芋”等。这些具有隐喻性质的表达在交流互动中之所以能够成立，主要在于概念的理解和加工是通过身体经验的还原而实现的，概念表征和身体体验享有相同的神经机制，因此对概念的理解和加工会激活相应的身体经验①。正是在这一意义上，隐喻互动才成为人们认识世界的基本方法。

具身认知理论认为，认知的过程实际是知觉模拟和经验再现的过程。单单是对某种感觉的相信，就会激活与该感觉相关的脑区，从而产生“感觉—运动”的特异性模拟。这种特异性模拟就是隐喻互动得以产生的基础。在对抽象概念或新概念（喻体）进行理解和加工时，隐喻会选择性地激活我们的感觉运动系统，即激活过去存储在记忆中的知觉和身体状态，通过模拟已习得具体概念或旧概念（本体）的行为或动作特征，复现当时的刺激情境及行动状态，实现对抽象概念的具身理解。然而，隐喻互动不只是“感觉—运动”经验的简单重建与即时模拟，感觉运动系统也并非以“全或无”的方式参与认知与互动，而是会受到学习材料特征、学习者情绪、想象能力等因素的影响，进而让人采取选择性激活、灵活性模拟的方式参与隐喻理解与互动过程。与此同时，隐喻理解与互动也会反过来影响“感觉—运动”经验的重塑，从而进一步影响抽象概念的重构。

隐喻在具身交互设计中应用广泛。例如：通过对阴影的控制，可以创造出更好的交互空间，这实际就是光线照射下出现阴影的空间隐喻；通过特定图形引导学习者产生按压、滑动、点触等动作；通过声音、振动等让学习者产生情感共鸣。这些多模态隐喻无不以生动立体的方式调动学习者感觉运动系统的参与，进而建构起知识的意义。荷兰阿姆斯特丹大学教授福尔切维尔（Charles Forceville）和美国康涅狄格大学教授尤里斯–亚帕拉西（Eduardo Urios–Aparisi）将模态与人的感觉通道联系在一起，区别

① 韩冬，叶浩生. 重中之“重”——具身视角下重的体验与表征[J]. 心理科学进展，2014，22（6）：918-925.

出图像/视觉、声音/听觉、嗅觉、味觉和触觉等五种模态隐喻，并认为隐喻表征诉诸的不同模态对应于人类不同的知觉符号——感官知觉经过提取、加工、存储等认知加工过程而形成的体验性符号①。借助于多模态隐喻，认知主体与外部环境互动所获得的知觉体验通过感官通达认知系统，在此基础上形成对特定事物或概念的认识，更为复杂的概念则通过隐喻实现意义化理解。从这一意义上来说，多模态隐喻实现了具身交互从“动手”到“动脑”的转变，而具身的技术在其中扮演着拓展交互界面、增强交互体验的重要角色，它不仅延伸了我们的身体，更以影响可供性感知的方式指引着我们的行为和思想。

第三节　在“动手”与“动脑”的交织与融合中推动学习走向“动心”的新境界

在具身的教学交互中，动手和动脑并不是两个完全割裂而是一个相互耦合的过程，要充分发挥具身交互促进个体经验习得的关键作用，必须通过具身技术工具的协调应用实现动手与动脑的融合，即让“手”成为“会思考的手”，让“脑”成为“能动手的脑”，并让学习者在动手和动脑相统一的主动实践中赋予生命以意义，由此在情感上获得对学习的高峰体验，进入动心的境界，领略学习之美，从而赋予学习源源不断的澎湃动力，以推动学习持续走向深入。

一、动手与动脑的交织造就了“会思考的手”与“能动手的脑”

手脑结合是人类与生俱来的一种关系存在。当人的前肢被解放出来成为双手，其所从事的任务就越来越复杂，掌握的技能也越来越多，脑也就逐渐发达起来。这正是恩格斯在《劳动在从猿到人转变过程中的作用》一文中表

① FORCEVILLE C，URIOS-APARISI E. Multimodal metaphor[M]. Berlin and New York：Mouton de Gruyter，2009：22.

达的基本观点①。可以说，人的大脑、思维是通过手的操作而进化、发展起来的。海德格尔认为，“在每一项工作中，手的每一个动作都要通过思维要素来支撑”②。法国哲学家巴什拉（Gaston Bachelard）也曾指出，“即使是手也拥有自己的梦想与担当，它帮助我们看清物质最深层次的本质，这也是它能帮我们想象出物质具体形式的原因”③。手能够捕捉思想的肉体性与物质性并将其转化为具体的产物。事实上，不止手会“思考”，我们所有的感觉都会“思考”，并构筑了我们与世界之间的联系，尽管这些行为经常不为我们所察觉。在动手过程中，我们的双手不只是忠实的、被动的大脑命令执行者，它也拥有自己的目的、技能和经验等，这是一种具身的、缄默的、非概念化的智慧，一种暗藏于人关于存在和体验的独特具身模式之中的无声认知。

同样地，动脑也不是脱离手或身体的理论纯思，而是与手的操作、身体实践联系在一起的脑的运动和思考，我们将其称为“能动手的脑”或“致能性思维”。在动脑过程中，“脑的思考”是在动手的语境或在场的意境中完成的，其所融汇的是丰富的、内隐的程序性知识和经验性知识，是一种与实践、与问题解决紧密结合的直觉性、致用性思维。这种思维与抽象的理性思维不同，是依据身体经验领悟现象本质、把握问题关键的一种思维形式，具有直接性、本能性等特征。就像高级技师仅靠声音异响就能判断机器故障、资深医师单靠手指触摸就能判断骨折性质一样，融合身体机能、感官体验的迅捷思考才是动脑的高级境界。认知主体的思维活动和身体活动本质而言就是一个不能割裂的整体，“活动既是感知的源泉，又是思维发展的基础”④，只有身体与心灵同时在场，认知才有意义。这正是人和机器在学习上最显著

① 恩格斯. 劳动在从猿到人转变过程中的作用[M]//中共中央马克思恩格斯列宁斯大林著作编译局. 马克思恩格斯选集（第三卷）. 北京：人民出版社，2012：988-1001.

② HYLDGAARD K. What is called thinking? According to heidegger and psychoanalysis[J]. Lamella - Tidsskrift for Teoretisk Psykoanalyse，2021，5（6）：144-159.

③ BACHELARD G. Water and dreams：an essay on the imagination of matter[M]. Dallas, Texas：Pegasus Foundation，1983：107.

④ 皮亚杰. 发生认识论原理[M]. 王宪钿，译. 北京：商务印书馆，1981.

和最根本的区别。脑之所以能动手，恰恰是因为它是从包括手在内的肢体的运动中发展起来的。正如皮亚杰指出的那样，儿童因果关系的建立源于其动作的协调，运算的因果关系扎根于感觉—运动的因果关系①。

以今日认知的具身观点来看，动手与动脑的融合是一个基于身体知觉系统与学习环境系统双向交互作用的耦合循环，学习者的具身体验就是在其身体能力与环境属性的双向调节机制中涌现的，动手的活动必须辅以动脑的思考，才能实现知识的有意义理解②。与此同时，动脑的产出又必须回归到动手的实践，才能实现知识的创造性联结与应用。这实际上是一个从具体经验到抽象概括再到实践应用的螺旋式上升过程。但很多时候，动手和动脑是同时进行的。例如，在画一个场景时，画家的双手并非单纯地去复制或模仿眼睛所见或大脑所想，而是通过“眼–手–脑”的融合互动完成创作，在该过程中，双手在看，眼睛在作画，而大脑在触摸。在教育中，只有坚持手脑并用，培养“会思考的手”和“能动手的脑”，才能达到交互的最佳效果。

二、动手与动脑的统一：在认知与实践的对话中走向动心

所谓的深度学习，不只是认知层面上理解的深度，更重要的是情感层面上感受的深刻。所谓“衣带渐宽终不悔，为伊消得人憔悴”，描述的不仅是治学的境界，同时也是学习的境界，而且是学习的最高境界。在具身教学交互过程中，身体知觉和外部环境相互对话、互相引领，当身体感知、行为能力和环境属性高度契合时，美感与意义将浮现出来，这会使学习者产生一种美妙、生动的情感体验，进而唤醒其生命自觉意识，由此不断进行自我转化、创造与超越。动手、动脑和动心是学习的三重境界，在教育中要实现让学习者动心的目标，以具身的教学交互促进动手与动脑的融合是关键。

所有的技艺，即便是最抽象的技艺，都是以身体实践为出发点的，且主

---

① PEARSON A T. Piaget's conception of causality[J]. Educational Theory, 1972, 22 (4): 434-442.

② YOUNG M R. Experiential learning=hands-on+minds-on[J]. Marketing Education Review, 2002 (12): 43-51.

要表现为动手操作。这是教学交互的第一层境界，它不仅在于对物体施加某种作用力，还在于触摸、感知、接纳和接受物体，同时还包括延伸自己，并从他人的动作（如手势）中接受来自自身的友善。通过动手，我们可以同时获得知觉和情感的体验。教学交互的第二层境界则是动脑，但它不单纯是一种理念或逻辑的推演，更意味着一种对存在的理解。事实上，人身体的每一个动作都带有思考的因子，身体的每个举动都产生于这些因子①。我们的身体结构和感官系统都在"思考"——识别、处理环境信息并引导行为反应。就像舞蹈家用他们的身体和腿、雕刻家用他们的双手、作曲家用他们的耳朵来"思考"一样，我们参与交互的所有反应都根源于思考。我们通过自己的具身存在（embodied existence）与投射和识别的能力（capacity of projection and identification）去体验、共情经验对象，这也是教学交互的第三层境界——动心。它集中体现在无意识的经验引入、自主性的学习活动、创造性的实践工作等方面。当无意识专注于生命时，个体的自性（self，即"身心融合的原型自我"）就会跃然而出②。教学交互的最终目标就是让学习者在全身心的学习投入中产生自我完善的生命自觉，进而实现"自性的开显"——主体能动性的彰显和自由个性的发展。这与叶澜先生开创和倡导的"生命·实践"教育学派的信条——教天地人事，育生命自觉——不谋而合③。

为实现具身交互引领学习在"动手"和"动脑"交织与融合中走向"动心"的新境界，必须把学习者活动的、感知的身体置于深度体验的中心，促进认知与实践对话。文化历史学家桑内特（Richard Sennett）在分析工匠对技艺的掌握时指出："每位优秀的工匠都能使具体实践与思考对话……这种对话在解决问题与发现问题之间建立起了一种韵律。④"工匠首先需要将工具或仪器具身化，并内化材料的本质，接着以物质或非物质的形式将自己融入成

---

① HEIDEGGER M. Basic writings：from being and time（1927）to the task of thinking（1964）[M]. New York：Harper & Row，1977：357.

② 荣格，卫礼贤. 金花的秘密：中国的生命之书[M]. 张卜天，译. 北京：商务印书馆，2016.

③ 叶澜. 回归突破："生命·实践"教育学论纲[M]. 上海：华东师范大学出版社，2014：242.

④ SENNETT R. The craftsman[M]. New Haven and London：Yale University Press，2008：9.

品中。学习亦如此，学习者通过动手操作相关学习设备、器材等获得具身的学习体验并领悟背后蕴含的知识，并在理解相关概念、理论的基础上创造融合个人情感、经历和记忆的作品，同时把对创造作品的喜爱转变成对学习的热爱，由此产生动心的心理感受。这其实也是一个学习者与其作品之间身份认同或融合的过程，就像英国艺术史家伯格（John Berger）描述绘画中艺术家与其作品之间的关系一样："每一次对事物的确认或否认都将你与之拉得更近，直到最后，你仿佛进入那事物之中：你画笔下的轮廓不再是你所见事物的边界，而是你已成为的事物的边界。①"换言之，学习者是在动手和动脑的统一、认识与实践的对话中获得自我认同并实现自我价值的。

因此，在学习中，感知、意图和手的工作不是各自独立存在的，只有外与内、物质和精神、想法和实施的充分融合，才能让生活的气息、生命的影子浮现在作品之上，带来令人心动的美感，并产生愿意为之付出和奋斗的动力。从交互的过程来看，动心是一个观察和表现的过程，接受和给予同时发生，即它既向外——通向观察的世界或想象的世界，又向内——融入自身角色及精神世界；从交互的结果来看，动心是建立在创作出融合主体生活体验、美学感受力以及人格与智慧的作品之上的，也就是说，我们可以从作品中看到创作者的精神世界及其对人类生活世界的理解。仅有动手或动脑并不必然导致动心。动手重"外化"，通过实践做出特定产品；动脑重"内化"，系统理解事物之间的关系。没有动脑，动手就只是单纯的操作与执行；没有动手，动脑就只是空洞的冥想和推理。动心是外化与内化的统一。就教育来说，只有以具身的教学交互让学习者在动手和动脑的相互转化中感受创作之妙，才能使其获得对学习"动心"的情感体验，领略学习之美。

随着数字技术的飞速发展，具身的方式将从技术具身（身体外部知觉的延伸）拓展到数据具身（身体内部体验的数据化与透明化）。新南威尔士大学教授卢普顿（Deborah Lupton）认为，活生生的数据（如心率、血压等）

---

① BERGER J. Berger on drawing [M]. Aghabullogue：Occasional press，2007：3.

正通过各种可穿戴设备外显于我们的生活世界，塑造我们的生活方式和感知模式，进而产生一种新的具身——数据具身（datafied embodiment）①。由此，动手与动脑的内涵与外延将进一步扩展，并推动教学交互的深层次变革。充分挖掘和发挥具身智能技术在调动感官参与、促进沉浸思考、激发创作灵感等方面的优势与潜能，对于推动具身交互，实现动手、动脑的统一进而使学习臻于动心的新境界具有重要意义。具身的交互实现具身的学习，不仅可以让学习者在动手过程中体会到行动的乐趣，更能使其在动脑的过程中感受理性认识的力量，在动手与动脑的螺旋式对话中领略到知识之美与造物之妙，并在这一过程中对学习获得美的情感体验，而学习者一旦具备对学习的审美能力，其自我意识将迅速觉醒，自我超越的动力将源源不竭。

---

① LUPTON D, CLARK M, SOUTHERTON C. Digitized and datafied embodiment: a more-than-human approach[M]// HERBRECHTER S, CALLUS I, ROSSINI M, et al.（eds.）Palgrave Handbook of Critical Post-humanism. Cham: Springer International Publishing, 2022: 1-23.

06

第六章

实践探索：技术支持的具身交互及其教学应用

近年来，具身认知在教育教学中的应用已取得一定成果，当前实践领域已有不少研究通过设计能够激发具身交互的情境和活动，来帮助学习者对科学、地理、数学和生物等学科知识进行深度理解，并认为这些研究具有显著效果。然而这些研究更多的是在特定的技术创新及其约束性条件下驱动的，没有将研究焦点明确置于技术在教育境脉中的功效之上，也没有回答“如何有效”和“为何有效”的深层科学问题。对具身交互支持学习者概念习得的机制和效果进行具体探讨，可为不同技术支持下具身交互促进学习者经验建构提供有益参考。

第一节 人工智能支持下的具身交互及其典型案例

以人工智能推进数字技术与实体技术的融合，是具身交互设计的未来方向。当前，混合现实技术在融合数字技术和实体技术，提升交互具身性方面已经展现出广阔的应用前景。混合现实技术通过在现实环境中引入虚拟场景信息，在现实世界、虚拟世界和用户之间搭起一个交互反馈的信息回路，以增强用户体验的真实感，具有真实性、实时互动性以及构想性等特点。

首先，人工智能技术的成熟和应用，扩展了学习者获取信息、感知信息、加工信息、传递信息的方式和渠道[①]。基于智能技术的具身学习环境成为探索与感知外部环境的媒介，延展了效应器官与外部信息交互的可达性。在具身环境下，认知过程主要涉及信息获取、意义构建、实践应用三个主要阶段。信息获取涉及人体通过视觉、听觉、触觉等感官对外界环境的互动，智能技术不仅能获取物体形状、大小、位置等视觉信息，还能获取言语、音乐等听觉信息，以及能获取物体粗糙程度、硬度、温度、重量等触觉信息；意义构建即人脑对外部不同模态信息的处理，数据挖掘、学习分析等技术在

① 赵雪梅，钟绍春．具身认知视域下促进高阶思维发展的多模态交互机制研究[J]．电化教育研究，2021，42（8）：65-71．

辅助人脑进行信息处理上发挥着重要作用；实践应用即学习者学习效果的外部行为表现，包括听、说、读、写等技能水平及信息输出所表现出的身体行为，互联网、虚拟现实、增强现实等技术极大地拓展了学习者交流互动的空间和范围。

其次，人工智能使复杂的视景仿真成为可能，为实现多模态的虚实交互、自适应学习体验、高交互的多维视景空间提供了技术支持。借助智能技术，可以将不同知识类型的复杂内容，以情境故事、仿真实验等形式呈现，将抽象概念与具体情境相融合，为学习者提供高沉浸、高交互、多感知的个性化学习内容，充分发挥学习者人体感官的补偿机制，诱发学习者的思维发展。教师可以根据不同的教学需求开发全息教学内容，让学习者在新奇的全息互动式体验中完成知识点的学习。这种教学方式一方面可以激发学生学习的热情，另一方面可以把一些复杂的知识点通过交互式模型、视频动画等方式形象地展示出来，由此加深学习者对学习内容的印象。相对于普通学校教育，职业教育的细分领域对于虚拟仿真的需求更为明显。在技能培训上，对于一些复杂操作技能（如汽车维修与改装），学生往往难以获得充足的上手练习时间，混合现实技术可以将培训教学内容虚拟化，并与教学现场的环境和实物叠加起来，通过虚实结合的方式辅助学生掌握操作方法。而且虚拟化的培训内容可以反复播放，实现学生独立学习的需求。

最后，人工智能还能实现具身交互过程中教与学数据的无感式采集、自动化处理和可视化呈现。智能测评、语音识别、图像识别等技术为教与学数据动态采集拓宽了途径，实现了全方位、全过程、多模态地采集学习者的结构化数据与非结构化数据，有助于判断学习者在学习过程中对知识建构的层次、认知思维发展的状态。模态追踪、数据处理等技术为教与学过程中模态信息的自动解码、有机重组和自动加工等提供了可能，实现了学习者交互过程和效果的实时跟踪和动态反馈；多媒体技术为数据分析结果的直观化、可视化和个性化呈现奠定了基础，学习仪表盘就是一个典型案例。基于信息跟踪技术和镜像技术，学习仪表盘能够对学习者的交互行为、学习情绪等信息进行记录和追踪，通过分析与可视化、个性化的现实，为教师和学生提供多层次的教与学支持服务。

在具身认知看来，人的身体并不只是承载行为的工具①，更是与环境进行交互作用的媒介，具身技术的核心目的就是促进人的身体与环境的互动。近年来，不少研究者已关注到这一点，并致力于构建具身的环境来激发学习者参与学习的热情，具有代表性的主要有亚利桑那州立大学创立的多媒体情境艺术学习实验室（Situated Multimedia Arts Learning Lab，简称SMALLab）、加利福尼亚大学伯克利分校（UCB）开发的系列行动学习实验室（Action Learning Lab，简称ALLab）等，其共同目标在于通过建立人与技术之间多种形式的具身关系，实现学习者身体、心灵与环境的融合与互动，进而促进学习者对知识的意义建构。

一、典型案例1：多媒体情境艺术学习实验室

2010年，美国亚利桑那州立大学伯奇菲尔德（David Birchfield）博士带领一个由教育学、心理学、计算机科学、工程技术学、艺术设计等多领域研究者共同组成的跨学科团队，创建了一个融合视觉、听觉、动觉等多通道的、能够实现实时交互的具身学习环境，即SMALLab。

（一）创建背景与目的

SMALLab起初只是一个研究项目，它以为中小学教育（K-12 education）创建一个变革型学习环境为目标，以推进具身认知在学校教育与博物馆教育中的应用为使命，在成立之初就获得了美国国家科学基金会（The National Science Foundation）、比尔和梅琳达·盖茨基金会（The Bill and Melinda Gates Foundation）、麦克阿瑟基金会（The MacArthur Foundation）、英特尔研究院（Intel Research）等众多机构的支持。该项目多年的研究结果表明，SMALLab与其他类型的技术平台和学习环境相比，在促进学生知识理解、提升学生协作质量、提高教师教学水平等方面发挥着重要作用。如今，国际上

① 王靖，陈卫东．具身认知理论及其对教学设计与技术的应用启示[J]．远程教育杂志，2012，30（3）：88-93.

许多国家在探寻STEAM教育——集科学（Science）、技术（Technology）、工程（Engineering）、艺术（Art）和数学（Mathematics）等多学科融合的综合教育——的突破口时，都纷纷引入SMALLab具身学习环境，以支持教学内容的重新整合和学习活动的具身设计，进而提升学习者的学习动机和知识建构效果。例如，美国教育研究协会（American Educational Research Association，简称AERA）就基于SMALLab平台设计了许多具身学习的游戏，学习者通过移动自己的身体或用手势操作虚拟对象，就可以获得具身的学习体验，并实现知识的有意义建构①。新加坡也宣布将SMALLab与本国的E-instruction相结合，为中小学生的知识建构提供一个尖端的学习环境和众多优质的技术服务②。

（二）具体内涵与功能

SMALLab实际上是一个以实体教室为主，以计算机网络技术、物联网技术、红外线传感技术为辅的混合学习环境，如图6-1所示。普通教室只要做小限度的改变，就可以实现SMALLab的具身效果。该环境利用物理跟踪器、感应摄像头、音频扬声器、视频投影仪等设备，以人的身体作为学习的接口，通过多种形式的感官输入，与情境产生交互作用，营造逼真的临场感和沉浸感，并激发学习者的参与感和挑战欲，进而体验、建构和生成知识，激励学习者更高效地学习。由于SMALLab设置了12个动力感应摄像头，学习者的位置、姿势和动作等身体信息都被全程记录下来，并传送给计算机。在实验室的顶部设有投影仪，它会在前方的橡胶地板上投射出一片区域。投影仪的光线交织在一起形成相应的虚拟物，学习者可以在不接触物体本身的情况下，通过肢体动作与虚拟事物进行互动，从而体验和探究与学习主题相关的知识和原理。除此之外，身处互动空间周围的其他学习者也可以看到学

① CYNDI BOYD. SMALLab learning makes a breakthrough on STEM education with embodied learning and active games[EB/OL]. LOS ANGELES, CA: CISION PRWeb, （2013-04-29）[2018-01-24].

② CYNDI BOYD. SMALLab Learning and E-instruction Singapore announce global partnership for K-12 embodied and engaging learning environments[EB/OL]. San Francisco, CA: CISION PRWeb, （2012-05-08）[2018-01-24].

习场景中的媒体变化情形和人机互动结果，并与他人进行直接交流与实时协作。综合来看，SMALLab是一个利用交互式数字媒体，在多通道传感框架上设计的混合现实学习环境，它具有具身交互、多通道反馈、协作交流等特征①。

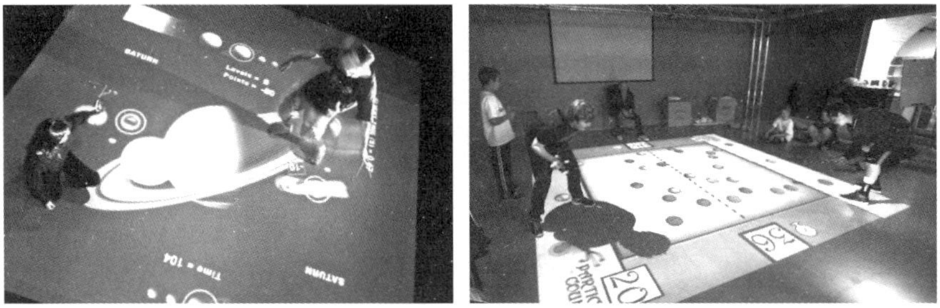

图6-1　SMALLab学习环境

（三）基本架构与技术

SMALLab提供两种学习环境：一种是基于实体教室改造的SMALLab物理环境，它包括基本的桌椅、互动空间以及摄像头、扬声器、投影机等其他设备；另一种是基于各种技术营造的SMALLab虚拟环境，它包含样式各异且可以不断增长的场景库②，学习者可以根据不同的需求选择不同的学习场景。虚拟环境的场景库中含有多种主题的学科场景，例如生物、化学、物理、地理、语言、艺术等。除此之外，SMALLab还提供一个开放源码的软件开发工具包，允许教师、学生以及第三方开发人员创设新的教学场景，并提供个性化、针对性的教学场景服务。从架构上来看，SMALLab主要包括场景建构、多通道感知、动态视觉、声音反馈等模块，具体结构

① BIRCHFIEDL D, JOHNSON-GLENBERG M. A next gen interface for embodied learning: SMALLab and the geological layer cake[M]// FERDIG R E. Interdisciplinary advancements in gaming, simulations and virtual environments: emerging trends. Hershey, Pennsylvania: IGI Global, 2012: 51-60.

② CYNDI BOYD. SMALLab Learning and E-instruction Singapore announce global partnership for K-12 embodied and engaging learning environments[EB/OL]. San Francisco, CA: CISION PRWeb, (2012-05-08) [2018-01-24].

及其相互之间的关系如图6-2所示。其中，视觉传感依靠安装在活动空间周围的同步视频摄像机来实现，主要用于跟踪物体的运动速度、幅度、位置等。音频传感依赖于排列在互动空间周围的麦克风来实现，它具有两个功能：一是实时记录学习者发出的声音，以供后续的交互性练习；二是通过声音分析模块驱动空间中的互动媒体，提取音频在音调、声波上的相关特征，以描述学习者身体运动与其声音之间的关系。声音反馈模块涉及的技术包括扬声器、低音炮音箱以及声音处理与播放软件等，其主要功能在于记录声音，以作为学习者自我反思的材料。视觉反馈主要是利用学习者收集和标注的静态与三维图像、视频片段等来实现，安装在环境顶部的视频投影可以在地板上呈现交互式的可视化内容。数据档案模块主要负责对所有数据进行即时存储、传感和反馈，这些数据将为学习的过程性评价提供依据。

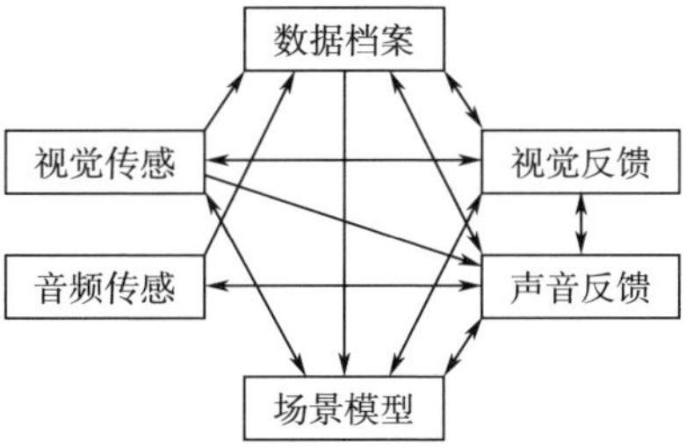

图6-2　SMALLab的具体结构及其相互之间的关系①

（四）具身交互的设计

SMALLab的具身交互设计主要体现在以下三个方面：一是多模态交互，即利用多种感官通道进行交互，从而提高学习参与度。SMALLab作为一个融合视觉、听觉、触觉等多种感官于一体的学习平台，其在视觉传感、音频传感、视觉反馈和声音反馈等模块上采用的技术设备和相关软件，可以帮助学习者获得多通道的感知与反馈信息，使学习者在不同感官通道上都能产生对应的刺激和体验，从而提高学习的有效性。二是情境性交互，主张学

① 李敏娇，张怀南，汪颖．具身学习环境SMALLab的架构分析及启示[J]．现代教育技术，2015，25（1）：100-106.

习应该发生在真实或模拟的情境中，让学习者能够将知识应用到实际问题中。SMALLab创建了各种沉浸式学习情境，营造有利于学习者体验和理解抽象知识的场景，如虚拟的历史场景、科学实验室、艺术工作室等，学习者在这些情境中通过互动来完成任务、解决问题，从而获得更真实和有意义的学习体验。三是协作式交互，让学习者通过小组合作来共同构建知识，在讨论中理解知识意义。SMALLab鼓励学习者通过协作互动来提高学习效果，例如在音乐创作活动中，学习者就需要通过共同控制虚拟乐器来演奏出和谐美好的音乐。SMALLab的交互设计原理体现了以学习者为中心的理念，通过具身交互，为学习者创造了一个沉浸式、情境式、协作式的学习场景，增强学习体验；同时它还通过系统收集学习者互动过程中产生的数据，例如动作轨迹、选择偏好、学习结果等，不断改进教学环境与活动设计。

二、典型案例2：行动学习实验室

2005年，亚伯拉罕森（Dor Abrahamson）加入加利福尼亚大学伯克利分校教育研究生院，并组建了一个具身设计研究实验室（Embodied Design Research Lab，简称EDRL），该实验室围绕一种理论体系（具身认知）、一条方法论线（基于设计的研究）和一个学科重点（数学）开展了系列研究，并创建了系列行动学习实验室，其目的在于通过营造具身的行动学习环境，基于具身的教学交互，促进学习者数学知识概念的理解与习得。EDRL的主要工作包括：设计、开发和测试能够促进K–16（幼儿园到大学）学生数学概念探究式学习的具身环境；开发一套能够使我们获得所需数据的方法，以回答超出“它是否有效”之外的问题，例如“它如何有效”“它为什么有效”等问题；分析学生的行为、多模态话语资料以及用于情境化讨论的人工制品，这里的讨论是关于对象、媒体、活动、感知和推理等的讨论；基于相关文献，尤其是与具身交互设计框架相关的文献，改善交互设计，丰富对数据的解释，阐明和展示研究工作与成果，使其能够满足广大教育研究者和实践者的需求与利益。该实验室主要的研究项目包括几何行动学习实验室、交互式虚拟教学代理、体感数学学习系统、概率可视化实验室等。

（一）几何行动学习实验室

几何行动学习实验室的目的在于创造一个参与式的诱人环境，使学习者在其中能够拥有一种协作、具身的几何经验。该环境由一个6英尺×6英尺（1英尺=0.3048米）的互动垫和一个4英尺×6英尺的投影区域构成，如图6–3所示。其中互动垫由8个压敏垫和1个中心垫构成，如图6–4所示；投影区域分为两个区，即二维图形投射区和叠加区。基于该环境的几何行动学习过程如下：一些二维图形被投射到垫子附近的地板（从投影区域的顶部向下至底部的红线）上，参与者通过调整他们的身体，按下对应于投影图形各顶点的压敏垫，创建出投射地板上的形状。每个压敏垫和投影图形上的LED（Light Emitting Diode，发光二极管）都将提供实时的反馈，成功创建的形状被叠加到一个能反映参与者得分的设计中①。为开展协作学习，互动垫中的物理垫和压敏垫被设计得更具可玩性和舒适性，例如压敏垫的大小和间距是基于成人和儿童的腿长和髋外展来设计的，因此它具有成人版互动垫和儿童版互动垫两种类型。此外，在软件设计上，该游戏从易到难设有初级、中级和高级三个等级，其难易程度与每个图形的顶点数、图形的多样性（如三角形、矩形、六边形等）以及图形的不对称性等密切相关。特别是面对一些具有四个顶点以上的图形，参与者需要通过与他人协作来完成。研究表明，该游戏对交互的设计与强化，不仅能够帮助学习者用一种新的方式来体验几何，还能发展学习者的协作技能②。

---

① DURÁN-LÓPEZ E, ROSENBAUM L F, IYER G V. Geometris: designing collaborative mathematical interactions for children[C]// P. Blikstein, D. Abrahamson, M. Worsley, & J. Fails (Eds.), “Logo: The Next 50 Years” — Proceedings of the 16th Annual Interaction Design and Children Conference. Stanford University: IDC, 2017.

② DURÁN-LÓPEZ E, IYER G V, ROSENBAUM L F. Geometris: a collaborative embodied geometry game[C]// G MARK, S FUSSEL, F MUELLER, J TANENBAUM (Eds.), “Explore innovate inspire” — Proceedings of the 35th Annual Conference on Human Factors in Computing Systems. Denver: CHI, 2017.

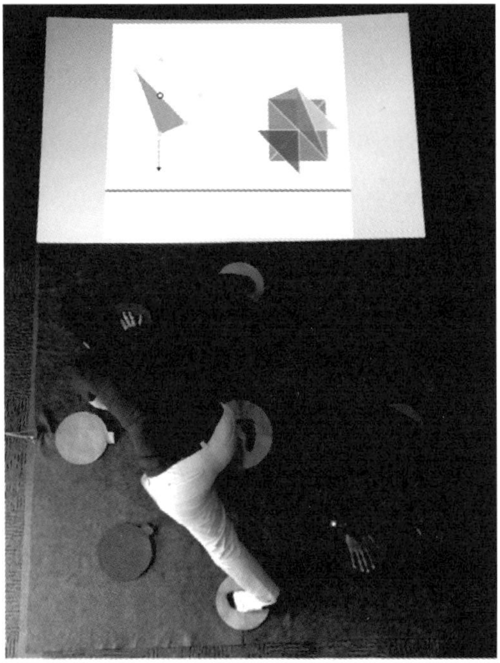

图6-3 几何行动学习实验室

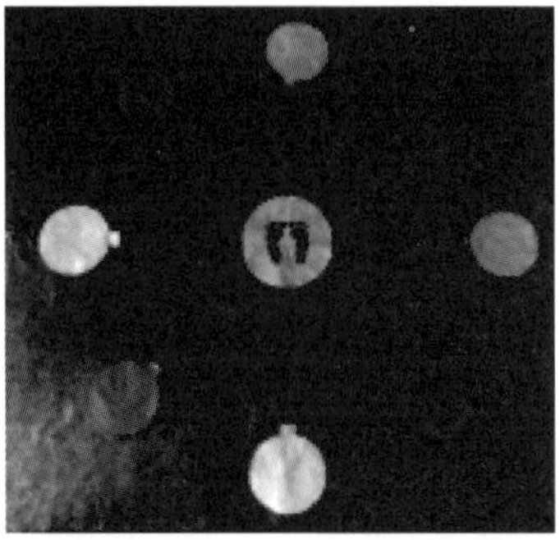

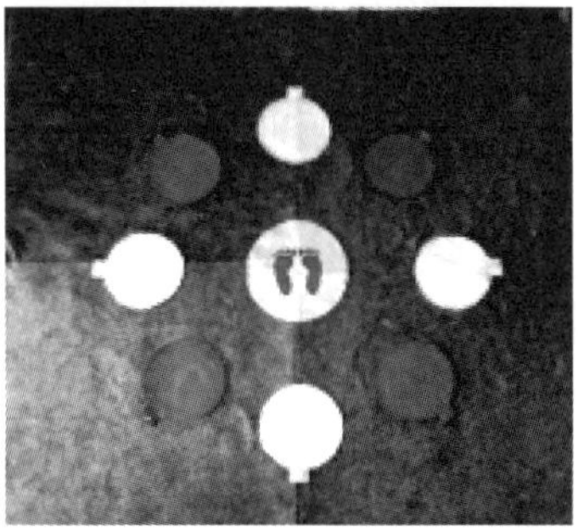

图6-4 成人（上）和儿童（下）互动垫

（二）交互式虚拟教学代理

所有学生都需要理解分数、比率和比例的数学概念，不仅很多学科实践特别是科学和工程实践都离不开比例推理，我们的日常生活也离不开这些概念，但大部分老师和学生都表示，这些概念很难学习。解决这一教学难题的方法是退后一步，回到人类开始是如何学习它们的。而几个世纪以来，我们已经认识到，人是通过与世界互动来学习的。计算机进入教育领域时，互动也开始进入教学实践，但也只是有限的互动，因为“用户界面”还没有成熟到可以允许学习者以一种自然的方式与世界互动。随着Wii、Kinect、触摸平板电脑和智能手机的出现以及虚拟现实、增强现实技术的发展，学习者与虚拟对象进行互动已成为可能。因此，加利福尼亚大学伯克利分校学习科学家团队和加利福尼亚大学戴维斯分校（UCD）计算机科学家团队合作开展了一项NSF（National Science Foundation，美国国家科学基金会）项目，即“数学导师虚拟代理的手势增强”（Gesture Enhancement of Virtual Agent

Mathematics Tutors，简称GEVAMT），这两个团队的跨学科协作旨在为基于计算机的数学学习系统创建一个虚拟的教学代理，他可以通过操作虚拟对象和比画手势，甚至与学生合作，实现互动式教学，如图6-5所示。该项目的核心工作是手势归档，它分为两个环节：UCB团队根据需求创建数学教学手势库和UCD团队通过动作捕捉虚拟模拟各手势[①]。

图6-5　交互式代理导师

（三）体感数学学习系统

EDRL越来越感兴趣的想法是："学习正在以新的方式推进"。这句话有两层含义：一是学习者通过身体移动这种新的方式学习新概念，二是在学习现象概念化方面取得的理论进步。EDRL通过一系列基于设计的研究，探讨了身体运动与概念学习之间的关系，尤其是这些关系在数学教育中的价值。自2008年秋季以来，该团队一直在构建和评估一种被称为"数学成像培训师"（Mathematical Imagery Trainer）的交互式技术系统，如图6-6所示[②]。该系统是一种以实现特定情境中的任务目标为目的的身体舞蹈编排，因此它涉及特定对象的动态操作，其核心在于让学习者通过一种融合身体运动

① FLOOD V J，SCHNEIDER A，ABRAHAMSON D. Moving targets：representing and simulating choreographies of multimodal pedagogical tactics for virtual agent mathematics tutors[C]. Paper presented at the annual meeting of the American Educational Research Association，Chicago，2015：16-20.

② ABRAHAMSON D，BAKKER A. Making sense of movement in embodied design for mathematics learning[J]. Cognitive Research：Principles and Implications，2016，1（1）：33.

的新型学习方式发现和理解数学中的比例概念[①]。例如，坐在书桌前的学生举起并移动其双手，调整双手的高度使其保持一定的目标比例（如1：2）。但移动至目标比例并不容易，学生必须通过不断尝试、反思和总结，基于电脑给出的自动反馈信息——当比例正确时电脑屏幕会显示为绿色，错误时则显示为红色——调整双手位置，让屏幕变绿。学生基于体感技术的操作性任务的完成，为其比例、对等、斜率等数学概念的习得奠定了基础。除了对学生的动作日志进行记录和分析，更精细的研究还对学生的眼睛注视信息进行跟踪，数据结果表明，成功的任务表现与稳定的眼睛凝视路径模式是同时出现的，最后还伴随着策略的多模态连接[②]。换句话说，概念理解过程中，学习者的身体动作与其心理反思是协调作用的。

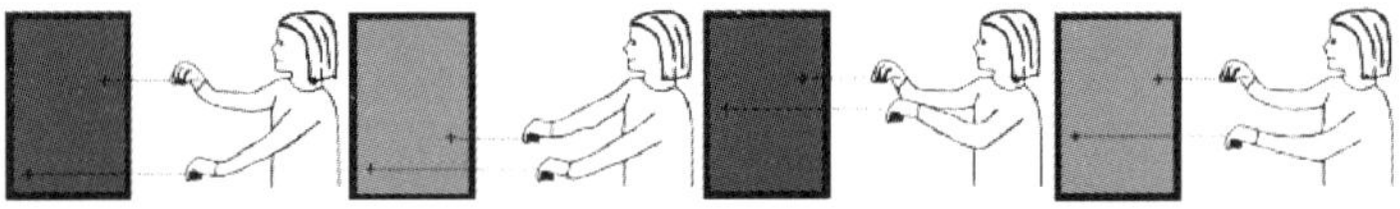

图6-6　数学成像培训师：让屏幕变绿

（四）概率可视化实验室

试想一下这样一种悖论：一方面，越来越多的证据表明婴儿能够从随机事件中得出数学上的正确推论；另一方面，学生在学习概率知识与概念方面面临着长期挑战。这到底是怎么回事？也许是因为学校不能利用学生天生或早期发展阶段的能力。为此，EDRL创立了概率可视化实验室，该项目准备了很多学习材料，包括弹珠、勺子、卡片、彩色铅笔等传统媒体和基于计算机的网络标识模拟部件，这一方面是为了让学生能够利用我们所知的婴儿具备的相同直觉，另一方面是为了引导学生将自身活动的结果阐述为数学模型，

① ABRAHAMSON D, SHULMAN A. Constructing movement in mathematics and dance: an interdisciplinary pedagogical dialogue on subjectivity and awareness[C]. Movement: Brain, Body, Cognition, Oxford, UK, 2017.

② ABRAHAMSON D, SHAYAN S, BAKKER A, VAN DER SCHAAF M F. Eye-tracking Piaget: capturing the emergence of attentional anchors in the coordination of proportional motor action[J]. Human Development, 2016, 58(4-5): 218-244.

也就是说，这些器材是“桥接工具”（bridging tools）。首先，在该实验中，参与者首先被要求预测一下实验的结果，例如会出现哪几种弹珠组合，哪一种弹珠组合出现的次数会最多等，一般情况下，参与者都能准确地预测到最有可能出现的组合是“2绿+2蓝”。其次，参与者要通过具体实验亲自去验证自己的预测，实验过程如图6-7所示——将勺子里生成弹珠组合［图6-7（a）］依次复制在卡片［图6-7（b）］上，由此通过一种被称为组合分析的算法来构建实验的事件空间［图6-7（c）］①。最后，参与者将发现所有的可能性组合（0绿4蓝、1绿3蓝、2绿2蓝、3绿1蓝、4绿0蓝），并找出每一种组合所有可区分的排列形式（1，4，6，4，1）。传统媒体与数字媒体的整合为这种引导式的基于行动的具身学习提供了多样化的技术支持，它不仅调动了学习者多种感官的参与，还促进了学习者动手能力与思维能力的结合，即手脑并用、身心融合的学习。由此可见，简单技术的融合也可以构建出支持具身交互的学习环境。

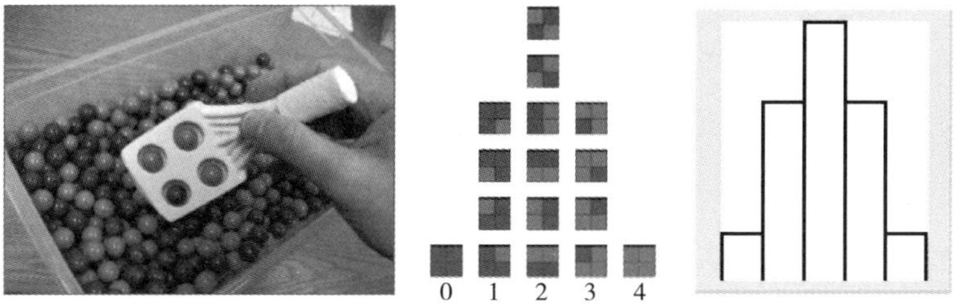

（a）　（b）　（c）

图6-7　概率可视化实验

第二节　基于具身认知的概念习得机制及其相关探索

概念是人们进行抽象思维的基本元素，人们的推理、想象等心理活动必须通过借助于对概念的加工而进行。概念的隐喻化一直是概念研究领域中的

① ABRAHAMSON D. Rethinking intensive quantities via guided mediated abduction[J]. Journal of the Learning Sciences, 2012, 21（4）: 626-649.

重要问题。在具身认知的研究背景下，莱考夫和约翰逊提出了概念隐喻理论（Conceptual Metaphor Theory，简称CMT），这一理论也称为认知隐喻理论（Cognitive Metaphor Theory，简称CMT）。近年来，随着实证研究的不断积累，CMT也得到了不断的发展与深化。

一、具身视角下的概念隐喻与习得机制

莱考夫和约翰逊在对大量隐喻现象进行分析后指出：人类的抽象概念系统是以感知觉经验和具体概念为基础发展形成的，抽象概念的加工与对其进行隐喻化描述的身体经验密切相关[①]。人类通过概念隐喻来认识世界，并形成了很多具体、生动的语言表达形式，但这一过程却往往不被人察觉。认知科学家认为，人类95%以上的认知都是无意识的，隐喻就像一只“看不见的手”，将我们的经验不断概念化[②]。一般而言，人们用身体经验来概念化非身体经验，用界定明晰的经验来概念化界定模糊的经验，使自己的概念系统得以不断扩充和完善。但需要注意的是，每一项身体经验都是在一定广泛深厚的文化前提下获得的，而不只是拥有某种类型的身体那么简单，文化早已隐含在经验之中，人们正是用这样的方式去体验生活的“世界”[③]。

抽象概念通过隐喻与我们的身体经验建立联系，人类的知觉运动经验是抽象概念形成和表征的基础[④]。概念表征不是一种独立于身体的符号表征，而是一种与身体密切相关的神经表征，是一种主体经验客体时的知觉、运动及内省体验[⑤]。人以体认的方式认识世界，概念只有通过身体对世界的知觉运动经验才能被理解。“身体特有的自然属性为我们概念化认识、理解与分类塑造了独特的可能性”。从这一点看，身体（准确而言是身体经验）在概念理

①③ LAKOFF G，JOHNSON M. Metaphors we live by[M]. Chicago，IL：University of Chicago Press，1980.

② LAKOFF G，JOHNSON M. Philosophy in the flesh：the embodied mind and its challenge to western thought[M]. Chicago，IL：University of Chicago Press，1999.

④ PECHER D，BOOT I，VAN DANTZIG S. Abstract concepts：sensory-motor grounding，metaphors，and beyond[J]. Psychology of Learning and Motivation，2011（54）：217-248.

⑤ BARSALOU L W. Perceptual symbol systems[J]. Behavioral and Brain Sciences，1999，22（4）：577-660.

解隐喻机制中扮演着重要角色。

与此同时，美国认知心理学家巴萨卢（Lawrence Barsalou）提出了知觉符号理论（Perceptual Symbol Theory）。该理论主张人是以体认的方式认识世界，概念与思维的实现必须通过人的身体经验，而不是依靠超验和抽象符号①。巴萨卢提出，可以将主体经验客体时的身体经验视为一种知觉符号，但它不是一种物理图像或心理图像，而是主体感知当下的神经状态的记录。知觉符号是多模态的，它综合产生于多种感觉通道、本体感觉和内省经验，但表征的却不是全部过程的整体经验，而是动态激活、彼此关联的经验组分②。大脑感觉运动区域的神经系统将主体在周围环境和自身身体中感知到的事件捕捉下来，存入长时记忆，并通过汇合区域或大脑的联合区域整合在一起，使相关的知觉符号组成一个模拟器（simulator），从而使认知系统在客体或事件不在当前出现时仍能建构出对它们的具体模拟。

巴萨卢还进一步指出，认知主体在通过模拟机制实现对抽象概念的具身理解过程中，抽象概念的建立有三个核心特征：一是类型标识解释（type-token interpretation），指将带有特定属性的模拟器绑定到大脑的某种知觉或模拟区域，实现经验组分的归类；二是结构化表征（structured representation），指以集成的方式将相关模拟器及其属性的组合配置绑定到多个区域，实现不同经验的相互关联；三是动态实现（dynamic realization），指将不同模拟器及其属性构成的关联子集应用到不同场合，实现抽象概念的完整理解和灵活运用③。从具身认知的基本过程看，抽象概念的具身理解遵循着模

① BARSALOU L W. Perceptual symbol systems[J]. Behavioral and Brain Sciences, 1999, 22(4): 577-660.

② BARSALOU L W, SOLOMON K O, WU L L. Perceptual simulation in conceptual tasks[J]. Amsterdam Studies in the Theory and History of Linguistic Science Series, 1999(4): 209-228.

③ BARSASLOU L W. Abstraction in perceptual symbol systems[J]. Philosophical Transactions of the Royal Society of London B: Biological Sciences, 2003, 358(1435): 1177-1187.

拟和复现的原则①。当知觉过程进行时，认知主体的感觉运动系统进入活跃状态——视觉、听觉、触觉、运动、情感等均被激活。这些知觉和身体状态被部分地保留下来，表征着客观世界的刺激情境。在以后的认知活动中，保持在记忆中的相关状态被再次激活，并进入抽象和创新思维的认知加工过程，通过模拟原有的动作特征，复现当时的刺激情境，实现概念的具身理解。

隐喻和模拟机制为抽象概念的意义涌现提供了动力。无论是认知隐喻理论提出的“身体特性→基础概念→熟悉概念→抽象概念”的概念理解进路，还是知觉符号理论提出的“神经表征→状态模拟→情境复现”的意义建构过程，都离不开学习者身体、心理与环境的交互作用。从具身认知的观点看，思维依赖于身体，而非独立于身体，认知始于身体与心灵的统一；人是环境的一部分，而不是外在于环境的对象，理解源自环境与人的互动。身体、自然与文化环境的本质属性，赋予我们的经验以结构，复现的经验导致范畴（categories）的形成，即经验的完形。这些完形通过共享隐喻内涵和建立交叉隐喻来界定经验中的连贯，进而构成一个复杂的隐喻系统。因此，看似孤立、随意的隐喻表达，实际上潜藏着紧密、深刻的隐性逻辑。它们是整体隐喻系统的一部分，共同服务于从各个方面来刻画某一抽象概念的复杂目的，而刻画的过程就是概念意义动态生成的过程。

从模拟的视角看，大脑是一种具有涌现性、复杂性、自组织性的动力巨系统。它通过构架低层次的神经网络来达到高层次的认知效果。因此，学习者对抽象概念的理解涌现于其大脑内部模拟的感知行动经验。具身学习的观念认为，概念推理起始于学习者与环境的物理交互，并内化为神经系统的模拟行动，在外部互动与内部模拟的彼此映射（mapping）和相互协调下，逐渐形成对概念的完整理解。由此可见，概念意义动态生成于复杂系统的涌现活动。学习者对抽象概念的理解是感知和行动相互适应的结果，且感知和行动的神经结构及其组织过程是在具体经验中创造的。这是在神经元不断激

① IGNATOW G. Theories of embodied knowledge: new directions for cultural and cognitive sociology?[J]. Journal for the Theory of Social Behaviour, 2007, 37 (2): 115-135.

活、选择和重组过程中形成的一种自组织机制。

二、具身交互促进学生对科学概念的理解

具身认知的理论观点对促进科学概念的理解具有独特作用。与日常概念不同，科学概念是一个对某些自然现象进行解释的想法或模型。比如，我们对物体落到地球上这个自然现象的理解就是通过重力这个科学概念得到解释的。科学概念具有明确的内涵和外延，即它所包含的知识内容是具体且明确的，它能够解释的现象范围也是具体且明确的。因此，对科学概念的理解也涉及两个层面：一是掌握这个概念包含的知识内容，二是利用概念对特定的自然现象进行解释。汉诺威大学教授尼伯特（Kai Niebert）等提出，对科学概念的理解是需要具身的，因为学生在从日常知识向科学概念不断深入学习的过程中，隐喻和模拟发挥着关键作用，这一点在过去20年的科学教育研究中已经成为学界的共识，而隐喻和模拟正是具身认知科学对概念理解所持的基本观点①。在科学概念的教学中，一个好的教学隐喻和教学模拟，是需要有具身来源的。这种具身来源主要表现为日常经验，而这些日常经验通常被概念化在一些诸如容器、路径、平衡、上下之类的图式之中。也正是在这一意义上，具身交互对科学概念的理解才具有独特的促进作用。

设计具身的交互对于促进学生科学概念的理解至关重要。20世纪90年代后期，人机交互领域开始引入胡塞尔的现象学，日益重视交互的具身性。“具身”具有三方面的含义，分别是生理性或解剖学意义上的、作为习得性机能的以及社会浸浴下的②。而所谓交互的具身性是指交互是一种与上述三方面密切关联的现象，它发生于这个世界中，包括应对物理世界，处理社会关系，提供交互的形式、物质和意义。加利福尼亚大学尔湾分校教授杜里什（Paul

① NIEBERT K, MARSCH S, TREAGUST D F. Understanding needs embodiment: a theory-guided reanalysis of the role of metaphors and analogies in understanding science [J]. Science Education, 2012, 96 (5): 849-877.

② DREYFUS H L. The current relevance of Merleau-Ponty's phenomenology of embodiment [J]. The Electronic Journal of Analytic Philosophy, 1996, 4 (4): 1-16.

Dourish）出版的《行动在哪里：具身交互的基础》一书把“具身”确立为人机交互的一个基础概念，奠定了人机交互领域内具身交互研究的基石①。人机交互的模式在经历了电子化交互、符号化交互、文本化交互、图形化交互后，为有形化计算和社会化计算所取代，有形化计算和社会化计算的融合发展进一步推动了人机交互向具身型交互迈进②。

第三节 具身交互对学生科学概念习得的影响

基于具身交互促进学生科学概念理解的理论解释，笔者设计了一个探究具身交互对学生科学概念习得影响的对比实验。实验以学生光学概念的习得为例，设计了具有不同具身交互性的三种教学方式（传统讲授式教学、基于数字游戏的学习、基于实体游戏的学习），用以比较具身交互对学生科学概念习得之学习专注度、认知负荷、自我效能和学习成绩等因素的影响。

一、实验1：具身交互对学生科学概念习得之自我效能和学习成绩的影响

自我效能是指人们对自身能否利用所拥有的技能去完成某项工作行为的自信程度。有效的教学设计必须促进学习者自我效能的提升。系列研究表明，拥有较高自我效能的学习者能够获得更好的学习结果③④。虽然目前已有不少研究者对传统课堂教学和基于游戏的学习之于学习者自我效能和学习成

① DOURISH P. Where the action is: the foundations of embodied interaction[M]. Cambridge, MA: MIT Press, 2001: 572-575.

② MYERS B A. A brief history of human-computer interaction technology[J]. Interactions, 1998, 5（2）: 44-54.

③ YUSUF M. The impact of self-efficacy, achievement motivation, and self-regulated learning strategies on students' academic achievement[J]. Procedia-Social and Behavioral Sciences, 2011（15）: 2623-2626.

④ SAFARIA T, AHMAD A. Effects of self-efficacy on students academic performance[J]. Journal of Educational, Health and Community Psychology, 2013, 2（1）: 22-29.

绩的影响进行了相关探讨，但鲜有人对数字技术与实体技术之于学习者学习的影响进行分析，而探究不同技术支持下具身交互对学生科学概念习得之自我效能和学习成绩的影响尤为重要。

（一）实验设计与实施

❶ 实验对象

本次实验的对象是河南省郑州中学七年级的学生，该年级共有12个班，每个班学生约40名，实验随机抽选了三个班（本研究将其称为A班、B班和C班），剔除无效数据后每个班剩余学生约31名，他们平均年龄为12.6岁，并具有一定程度的光学基础知识，具体情况如表6-1所示。本次实验学生需要掌握的科学知识包括以下四个方面：一是能够自行发光的物体称作光源；二是光在同种均匀介质中沿直线传播；三是光射到一个界面上时，其入射光线与反射光线成相同角度；四是当光线逆着原来反射光线的方向射到媒质界面时，必会逆着原来的入射方向反射出去。

表6-1　实验对象基本情况

班级	男生	女生	总人数	教学方式
A班	14	18	32	传统讲授式教学
B班	15	16	31	基于数字游戏的学习
C班	16	14	30	基于实体游戏的学习

❷ 实验工具

实验对象分别参与传统讲授式教学、数字游戏学习和实体游戏学习三种不同方式的教学活动，三个班的老师为同一个。本次实验所用的数字游戏Lazors是由开发商Pyrosphere制作的一款物理解谜类游戏，早先在手机端发售，现可在PC端使用。它包含光源、白色方块（反光镜）、黑色方块（黑体）、目标定点等游戏元素，游戏以光的反射为原理，玩家要充分利用关卡中提供的方块，通过合理的摆放，使得红色激光束穿过所有目标定点即为过关。游戏由易到难一共分为230关，其主要是通过设置不同类型的方块、增加目标定点、固定一定数量的方块等来增加难度。

实验所用的实体游戏Laser Maze是一款专门为孩子学习光学知识而开发的迷宫游戏，这款游戏利用光的反射等光学知识，同时加入空间感知和逻辑推理训练，让学生在挑战每一关卡的游戏中学习科学知识。Laser Maze一共有60组关卡设计（60张挑战卡片），共四个级别：初学者（beginner）、中级（intermediate）、高级（advanced）以及专家级别（expert），包含1个激光发射器、5个目标/反光镜、2个光线分束器、1个双面镜、1个检查点、1个阻碍物以及1个5×5的游戏网格棋盘。玩家需要运用科学知识和逻辑头脑，将激光束反射到目标体上，点亮目标灯即完成该关卡，具体如图6-8所示。

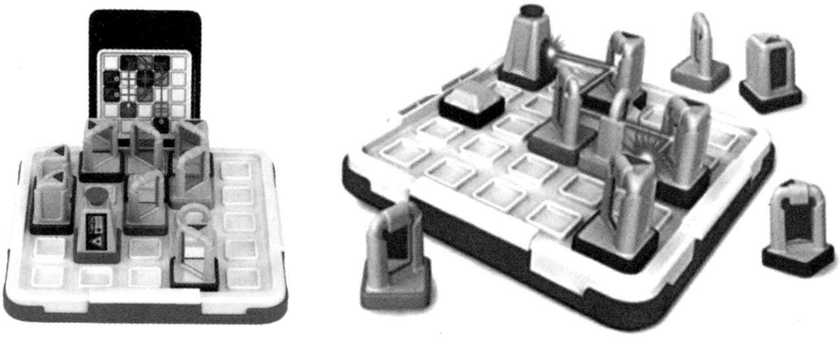

图6-8　Laser Maze游戏界面

这两款游戏展现的都是同一个科学概念的学习，其工作原理和游戏性质相同，即利用镜面反射原理解锁迷宫，只是由于数字游戏和实体游戏不一样，二者在操作方式上有些细微的差别。数字游戏中，不同类型的镜面被简化为不同类型的方块，玩家根据每个关卡设定的规则及其提供的方块，通过鼠标或者直接用手指合理地挪动它们的位置，使光线穿过目标定点。实体游戏中，玩家也是根据任务卡规定的情境，只不过是直接操作真实的镜面，将激光束反射到目标体上，进而点亮目标灯。

❸ 实验流程

本研究使用对比实验的方式对学习者使用不同学习方式掌握科学概念的情况进行探索。研究选取三个班的学生，学习“光的反射”。其中A班在多媒体教室中采用传统PPT讲授的方式进行教学，B班采用基于数字游戏的学习方式，C班采用基于实体游戏的学习方式。学习开始前，分别对三个班学生的“光学”知识基础进行测量和分析，了解学生的已有知识情况以及是否存在已经提前学过“光的反射”这一内容的学生；学习结束后，分别对三个班学生的自我效能与学业成就进行测量和分析，比较学生采用不同学习方式的学习效果。具体实验流程如图6-9所示。

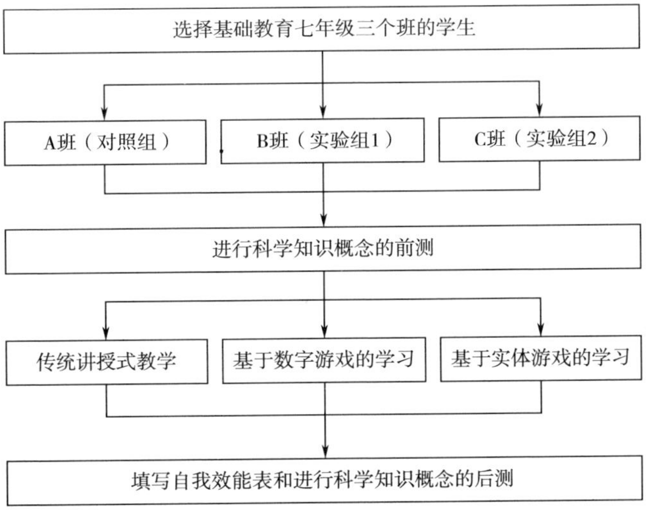

图6-9　实验流程

❹ 评价工具

本实验使用的自我效能量表源于美国乔治梅森大学陈博士（Gilad Chen）等研发的新一般自我效能量表（New General Self-efficacy Scale，简称NGSES）①，其与美国密西西比州立大学谢勒（Mark Sherer）等开发的一般自我效能量表（General Self-efficacy Scale，GSES）②相比，具有更高的信度和效度。自我效能量表共有八道题，采用五级评分，得分越高表示学生的自我效能越高，具体如表6-2所示。在实验正式开始之前，本研究对量表进行了预测试，结果显示，该量表信度系数较高，达到0.81。

---

① CHEN G，GULLY S M，EDEN D. Validation of a new general self-efficacy scale[J]. Organizational Research Methods，2001，4（1）：62-83.

② SHERER M，MADDUX J E，MERCANDANTE B，et al. The self-efficacy scale：construction and validation[J]. Psychological Reports，1982，51（2）：663-671.

表6-2　自我效能量表

项目	非常不同意	不同意	一般	同意	非常同意
1）我将能够完成自己设定的大多数目标	□	□	□	□	□
2）面对一些有难度的任务时，我确定我可以完成它们	□	□	□	□	□
3）一般情况下，我认为我可以获得对自己很重要的成果	□	□	□	□	□
4）我相信不管做任何事情，只要我下定决心，就可以获得成功	□	□	□	□	□
5）我将能够成功地克服很多挑战	□	□	□	□	□
6）我相信我能有效率地执行很多不同的任务	□	□	□	□	□
7）与其他人相比，我可以将大部分任务完成得很好	□	□	□	□	□
8）即使事情很困难，我也能做得很好	□	□	□	□	□

本实验使用的学业成就量表由一名研究人员和两名物理教师共同编制，题目内容主要源自历年中考试题及模拟题，难易程度各不相同，能够较好地体现学生对知识点的掌握情况。量表一共23题，总分36。其中判断题10道，每道题1分；选择题8道，每道题2分；填空题5道，每个空2分。本次实验中的前测试卷与后测试卷采用的是同一套试卷。

（二）数据分析与结果

❶ 学业成就分析

表6-3所示为学生前测成绩和后测成绩的数据分析结果。学生前测成绩相差不大，B班（M=19.87，SD=4.32）前测成绩最低，其次是A班（M=20.12，SD=4.39）和C班（M=20.70，SD=4.13）。为了解三个班学生的基础知识是否存在显著性差异，笔者对三个班学生的前测成绩做了方差分析（ANOVA），结果显示，三个班学生在前测成绩上没有显著性差异

[F（2，90）=0.299，p>0.05]。换句话说，这三个班的学生在实验开始之前具有相似的光学知识背景与基础。

表6-3　学生前测成绩与后测成绩的数据分析结果

班级	M（SD）		
	A班（n=32）	B班（n=31）	C班（n=30）
前测成绩	20.12（4.39）	19.87（4.32）	20.70（4.13）
后测成绩	25.90（5.13）	28.48（4.73）	29.83（3.27）

为了解三个班学生在实验结束后学习成绩是否存在显著性差异，本研究使用学生前测成绩作为协变量进行协方差分析（ANCOVA），以排除前测成绩对学生科学学习结果的影响。数据分析结果表明，三个班学生在后测成绩上存在显著性差异（F=6.864，p<0.01），具体如表6-4所示。换言之，因教学方式的不同，三个班学生在后测成绩上差异显著。实验结束后Tukey-HSD测试结果表明，B班（adjusted mean[①]=28.64）和C班（adjusted mean=29.62）学生的后测成绩均显著高于A班（adjusted　mean=25.95），但B班和C班之间并不存在显著性差异。因此，与传统讲授式教学方式相比，基于游戏的学习方式更有助于促进学生科学概念的习得，且数字游戏与实体游戏在促进学生科学概念习得上具有相似的效果。

表6-4　学生后测成绩方差分析结果

变量	班级	n	M	SD	adjusted mean	F（2，89）	测试结果
后测成绩	A班	32	25.90	5.13	25.95	6.864*	B班>A班
	B班	31	28.48	4.73	28.64	—	C班>A班
	C班	30	29.83	3.27	29.62	—	—

注：* p<0.01，结果在统计学上具有显著性。

① adjusted　mean（调整后的平均数），指的是在考虑了某些变量或因素的影响后计算出的平均数。——编者注

❷ 自我效能分析

表6–5所示为学生自我效能的数据分析结果。B班学生表现出最高的自我效能（M=4.55，SD=0.48），其次是C班（M=4.24，SD=0.61）和A班（M=3.58，SD=0.64）。为了解各班学生自我效能之间是否存在显著性差异，笔者对三组数据进行方差分析，结果显示，三个班学生的自我效能存在显著性差异［$F(2, 90)=22.488$，$p<0.01$］。实验结束后Tukey–HSD测试结果表明，B班和C班学生的自我效能显著高于A班，且B班学生的自我效能显著高于C班。数据分析结果表明，与传统讲授式教学方式相比，基于游戏的学习更有助于提高学生的自我效能，且基于数字游戏的学习比基于实体游戏的学习更有利于学生自我效能的提升。

表6–5 学生自我效能的数据分析结果

变量	班级	*n*	M	SD	*F*（2，90）	测试结果
自我效能	A班	32	3.58	0.64	22.488*	B班＞A班
	B班	31	4.55	0.48	—	C班＞A班
	C班	30	4.24	0.61	—	B班＞C班

注：* $p<0.01$，结果在统计学上具有显著性。

（三）结果讨论与分析

❶ 基于具身交互的游戏学习有助于提升学习者的学业成就

本实验研究表明，数字游戏和实体游戏比传统讲授式教学更有利于促进学习者对科学概念的理解和掌握，这与过去很多研究的结论相一致。不少实证研究也发现，与传统讲授式教学相比，基于游戏的学习更有利于提升学习者的学业成就[①②]。根据具身认知的认知观，学习是学习者身体、心灵和学习

① MCLAREN B M，ADAMS D M，MAYER R E，et al. A computer–based game that promotes mathematics learning more than a conventional approach[J]. International Journal of Game–Based Learning（IJGBL），2017，7（1）：36–56.

② WANG S Y，CHANG S C，HWANG G J，et al. A microworld–based role–playing game development approach to engaging students in interactive，enjoyable，and effective mathematics learning[J]. Interactive Learning Environments，2018，26（3）：411–423.

环境交互作用的结果。本次实验中的游戏在调动学习者身体参与，促进学习者与外部世界交互，支持学习者主动建构知识意义上更具优势；而在讲授式教学中，学习者处于被动接受知识的状态，主体性的发挥尤其是身体参与知识建构有限，导致其难以将所学知识与身体图式相关联，更难以将所学知识应用于现实问题解决。

在本次实验过程中，虽然数字游戏与实体游戏在促进学生科学概念习得上并未体现出显著性差异，但实体游戏学习者的学业成就略高于数字游戏学习者。从笔者的课堂观察也可以看出，实体游戏学习者对科学概念的理解略深于数字游戏学习者。例如，针对光路是否可逆这一问题，绝大部分实体游戏学习者都能作出正确的判断，认为光路是可逆的，部分学生在老师的启发下还能通过调换激光发射器和目标体的位置向身边的同学证明光路是可逆的；但数字游戏学习者面对这一问题时则有所迟疑，也少有学生能够解释为什么光路是可逆的。

实体游戏在促进学习者的具身体验上所具有的优势，使得它与数字游戏相比更能增进学习者对科学概念的理解，从而提高学习者的学业成就。加利福尼亚大学圣克鲁兹分校教授吉布斯（Raymond W. Gibbs）等的研究表明，具身体验在促进人们对抽象概念的理解上发挥着重要作用[①②]。实体游戏赋予了学习者真实的身体参与感和多维的情境互动性，有助于促进学习者对知识的具身性理解和有意义建构。以手势为例，它涌现于人们心理意象的感知与运动模拟[③]，能够有效帮助学习者理解和吸收新概念，是提高学习者学习效果的一项重要策略[④]。实体游戏者反复通过手势比画和确认光线的走向，一定程

① GIBBS JR R W. Embodied experience and linguistic meaning[J]. Brain and Language, 2003, 84（1）: 1-15.

② GIBBS JR R W, LIMA P L C, FRANCOZO E. Metaphor is grounded in embodied experience [J]. Journal of Pragmatics, 2004, 36（7）: 1189-1210.

③ HOSTETTER A B, ALIBALI M W. Visible embodiment: gestures as simulated action[J]. Psychonomic Bulletin & Review, 2008, 15（3）: 495-514.

④ WAKEFIELD E M, JAMES K H. Effects of learning with gesture on children's understanding of a new language concept[J]. Developmental Psychology, 2015, 51（8）: 1105-1114.

度上加深了他们对光的反射定律的理解。此外，实体游戏还提供了更为真实和灵活的社交与互动空间，使得它与数字游戏相比，更能通过支持学习者的具身交互来促进概念理解。虽然数字游戏者的闯关热情要高于实体游戏者，但这种闯关热情也使得他们过度地关注游戏结果，即是否闯关成功，而忽视了对游戏过程及相关知识原理的反思与追问。相反，实体游戏者则更倾向于通过反思性实践的方式来寻找解决方案，这是因为实体游戏中光路的不可见性使得他们无法像数字游戏者一样可以纯粹通过试误的方式来通关，而只能通过在实践中反思，并将反思的结果带到新的实践中去的方式来寻找点亮目标体的成功路径。正是在反思性实践的过程中，实体游戏者不断建构和修正自身的原有知识结构。

❷ 基于具身交互的游戏学习有助于提升学习者的自我效能

本实验研究结果表明，基于游戏的学习比讲授式课堂教学更有助于提高学习者科学概念习得的自我效能。不少研究也得出了相似的结论，即游戏学习能够有效提升学习者的自我效能[①②]。加利福尼亚大学圣巴巴拉分校教授约翰逊（Cheryl I. Johnson）等指出，游戏学习环境给学习者提供的系列关卡挑战，能够让学习者在循序渐进的晋级过程中产生强烈的自我效能感[③]。在本实验中，无论是数字游戏还是实体游戏都为学习者提供了清晰的游戏挑战目标和恰当的游戏挑战梯度，让学习者能够在适宜挑战难度中和可视化的进步过程中获得满满的成就感。与之形成对比的是，在传统讲授式课堂教学过程中，学习者难以实时而准确地看到自己的学习目标和进步，导致难以产生较

① HUNG C M, HUANG I, HWANG G J. Effects of digital game-based learning on students' self-efficacy, motivation, anxiety, and achievements in learning mathematics[J]. Journal of Computers in Education, 2014, 1 (2-3): 151-166.

② YÜKSELTÜRK E, ALTIOK S, BASER Z. Using game-based learning with kinect technology in foreign language education course[J]. Journal of Educational Technology & Society, 2018, 21 (3): 159-173.

③ JOHNSON C I, MAYER R E. Applying the self-explanation principle to multimedia learning in a computer-based game-like environment[J]. Computers in Human Behavior, 2010, 26 (6): 1246-1252.

为强烈的科学学习成就感，为此表现出较低的自我效能。

自我效能的调查结果表明，学习者在数字游戏中学习科学概念的自我效能感要明显高于其在实体游戏中学习科学概念的自我效能感。数字游戏学习者与实体游戏学习者在自我效能上呈现出的显著性差异，主要原因在于数字技术对学习者思维过程与问题情境的可视化动态表征。具体来说，数字游戏通过可视化技术模拟光在空气中的传播，直观形象地展示了光遇不同镜面所产生的反射效果，让光的反射不再是看不见的知识原理，而是显而易见的图式表征。当学习者抽象的内部思维被转化为具象的图式结构，学习者将从细节中及时跳出来，站在全局性的视角来审视问题情境，从而快速实现问题情境与目标任务之间的连接。从某种程度上来说，与实体游戏相比，数字技术降低了游戏本身的难度以及游戏对学习者技能水平的要求①。其原因不仅在于数字技术显性地展示了学习者思维的过程和镜面反射的效果，并明确地呈现了学习者任务挑战过程中当前状态与目标状态之间的差距，进而有效缩短了学习者问题诊断与策略决定的时间；还在于数字技术简化了游戏的操作对象与操作流程，这一方面排除了很多无关因素的干扰，另一方面缩小了光线路径的选择范围，由此降低了挑战关卡的难度，提高了学习者成功的可能性。学习者成功经验的获得，增强了其游戏学习的自我效能。

二、实验2：具身交互对学生科学概念习得之认知负荷和专注度的影响

为进一步了解不同技术支持下具身交互对学生科学概念习得之内在心理的具体影响，笔者开展了数字游戏与实体游戏对学生科学概念习得之认知负荷和专注度的影响研究。

（一）实验设计与实施

❶ 实验对象

本次实验的对象是湖北省武汉市四美塘小学六年级的学生，笔者将参与

① ALTIMIRA D, MUELLER F F, LEE G, et al. Towards understanding balancing in exertion games[C]. Proceedings of the 11th Conference on Advances in Computer Entertainment Technology, 2014: 10.

实验的72名学生平均分为了两组（A组和B组），其中A组参与基于数字游戏的学习，B组参与基于实体游戏的学习。去除无效数据后，A组学生有34名，其中男生15名，女生19名；B组学生有35名，男生19名，女生16名。他们平均年龄为11.9岁，具体情况如表6-6所示。两组学生具有相似的游戏学习经验，每学期参与1~2次游戏学习，并具有相似的科学知识背景。

表6-6 实验对象基本情况

组别	男生	女生	总人数	教学方式
A组	15	19	34	基于数字游戏的学习
B组	19	16	35	基于实体游戏的学习

❷ 实验工具

本次实验所用的工具除了包括前面提到的数字游戏Lazors和实体游戏Laser Maze，还包括Neurosky脑波仪以及与之配套的尼尔森脑波多人评测系统。本次使用的尼尔森脑波多人评测系统，包括脑波仪（图6-10）、尼尔森子母机（图6-11），以及尼尔森脑波多人评测系统软件（图6-12）。其中脑波仪使用的脑波晶片，其采样频率为512Hz，通过探测点获得较为科学精确的脑电信号。将脑波仪收集的脑波数据导入脑波软件中，就可以看到被试脑波的注意力与放松度数值，能够作为学习者专注度高低及其放松程度的客观数据，被试的放松度与专注度均转换为数值，其参数值区间介于0~100之间。尼尔森子母机通过蓝牙绑定，直接连接就可使用，与脑波评测系统软件连接，研究人员能够直观看到被试的脑波数值与变化。

图6-10 脑波仪

图6-11 尼尔森子母机

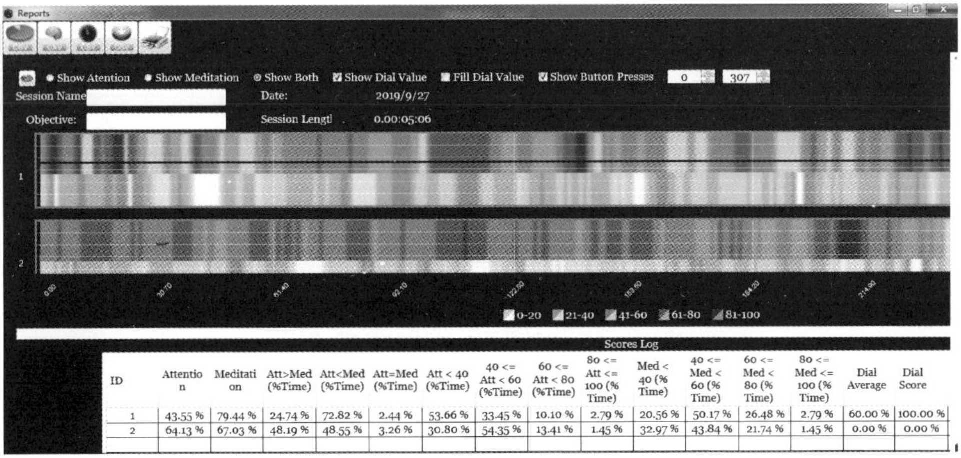

ID	Attention	Meditation	Att>Med (%Time)	Att<Med (%Time)	Att=Med (%Time)	Att < 40 (%Time)	40 <= Att < 60 (%Time)	60 <= Att < 80 (%Time)	80 <= Att <= 100 (% Time)	Med < 40 (% Time)	40 <= Med < 60 (% Time)	60 <= Med < 80 (% Time)	80 <= Med <= 100 (% Time)	Dial Average	Dial Score
1	43.55 %	79.44 %	24.74 %	72.82 %	2.44 %	53.66 %	33.45 %	10.10 %	2.79 %	20.56 %	50.17 %	26.48 %	2.79 %	60.00 %	100.00 %
2	64.13 %	67.03 %	48.19 %	48.55 %	3.26 %	30.80 %	54.35 %	13.41 %	1.45 %	32.97 %	43.84 %	21.74 %	1.45 %	0.00 %	0.00 %

图6-12　尼尔森脑波多人评测系统软件

❸ 实验流程

本研究使用对比实验的方式对学习者使用不同学习方式学习科学概念的认知负荷和专注度进行探索。研究对象分为A、B两组，均学习“光的反射”。其中A组采用基于数字游戏的学习方式，B组采用基于实体游戏的学习方式。实验开始前，让学生戴上脑波仪在实验室自由活动5分钟，了解学生脑波的基本频率；待学生适应脑波仪后，正式进入科学概念的学习过程，并收集学生的脑波数据；学习结束后，对学生的认知负荷进行测量和分析。具体实验流程如图6-13所示。

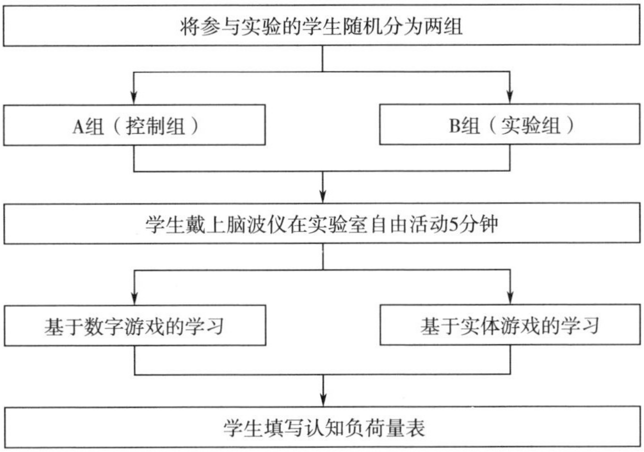

图6-13　实验流程

❹ 评价工具

本实验使用的认知负荷量表是基于荷兰马斯特里赫特大学教授莱平克（Jimmie Leppink）等设计的认知负荷量表而开发的①。结合本次实验的学习内容与游戏特征，笔者对量表内容进行了本土化改编，量表包括三个维度，即内部认知负荷、外部认知负荷和相关认知负荷，每个维度下设有若干道题目，每道题目设有“非常不同意”“不同意”“一般”“同意”和“非常同意”五个选项，分别对应1~5分的分值，具体如表6-7所示。在实验正式开始之前，笔者对量表进行了预测试，结果显示，该量表信度系数较高，整体达到0.88。

表6-7 认知负荷量表

项目	非常不同意	不同意	一般	同意	非常同意
1）我感觉这个游戏的学习内容非常复杂	□	□	□	□	□
2）我感觉这个游戏的规则非常复杂	□	□	□	□	□
3）我感觉这个游戏有很多非常复杂的概念	□	□	□	□	□
4）我感觉游戏过程中的指示和说明很不明确	□	□	□	□	□
5）这个游戏的一些说明和指示对学习来说是非常无效的	□	□	□	□	□
6）游戏说明和指示所使用的语言令人费解	□	□	□	□	□
7）这个游戏确实提高了我对“光的直线传播”的理解	□	□	□	□	□
8）这个游戏确实提高了我对“光的反射现象”的认识和理解	□	□	□	□	□

① LEPPINK J, PAAS F, VAN DER VLEUTEN C P, et al. Development of an instrument for measuring different types of cognitive load[J]. Behavior Research Methods, 2013, 45（4）: 1058-1072.

续表

项目	非常不同意	不同意	一般	同意	非常同意
9）这个游戏确实提高了我对“镜面反射”的理解	□	□	□	□	□
10）这个游戏确实提高了我对光学相关概念（如光源、反射等）的理解	□	□	□	□	□

（二）数据分析与结果

❶ 学习专注度分析

从表6-8中对学生基础频率的专注度数据分析结果可知，两组学生在实验开始之前的脑波频率相差不大，不存在显著性差异。表6-9所示为学生游戏学习的专注度数据分析结果。显然，B组学生（M=69.31，SD=7.42）比A组学生（M=65.65，SD=5.62）表现出更高的学习专注度。为了解这两组学生学习专注度之间是否存在显著性差异，笔者对两组数据做了t检验分析，结果显示，两组学生的学习专注度确实存在显著性差异（$p<0.05$，$t=2.305$）。可见，与基于数字游戏的学习相比，基于实体游戏的学习更有助于提高学生的学习专注度。

表6-8　学生基础频率的专注度数据分析结果

变量	组别	n	M	SD	自由度	t
专注度	A组	34	56.78	4.48	67	1.139
	B组	35	59.11	4.64	—	—

表6-9　学生游戏学习的专注度数据分析结果

变量	组别	n	M	SD	自由度	t
专注度	A组	34	65.65	5.62	67	2.305*
	B组	35	69.31	7.42	—	—

注：* $p<0.05$，结果在统计学上具有显著性。

❷ 认知负荷分析

表6-10所示为学生认知负荷的数据分析结果。从t检验的分析结果来看，在内部认知负荷方面，A组学生（M=2.03，SD=0.94）和B组学生（M=2.40，SD=0.92）没有显著性差异；在外部认知负荷方面，A组学生（M=1.45，SD=0.63）显著低于B组学生（M=1.96，SD=0.95），$p<0.05$，$t=-2.650$；在相关认知负荷方面，A组学生（M=4.86，SD=0.30）显著高于B组学生（M=4.52，SD=0.79），$p<0.05$，$t=2.308$。也就是说，实体游戏在降低学生的外部认知负荷、提升学生的相关认知负荷上比数字游戏更具优势。

表6-10　学生认知负荷的数据分析结果

认知负荷	组别	n	M	SD	自由度	t
内部认知负荷	A组	34	2.03	0.94	67	−1.660
	B组	35	2.40	0.92	—	—
外部认知负荷	A组	34	1.45	0.63	67	-2.650^{*}
	B组	35	1.96	0.95	—	—
相关认知负荷	A组	34	4.86	0.30	67	2.308^{*}
	B组	35	4.52	0.79	—	—

注：* $p<0.05$，结果在统计学上具有显著性。

（三）结果讨论与分析

❶ 实体游戏比数字游戏更有助于提升学习者的学习专注度

研究发现，实体游戏学习者的专注度显著高于数字游戏学习者，这与韩国学者金博士（Se H. Kim）等①以及西班牙公立海梅一世大学马蒂-森特莱斯

① KIM S H, HAN D H, LEE Y S, et al. Baduk (the game of go) improved cognitive function and brain activity in children with attention deficit hyperactivity disorder [J]. Psychiatry Investigation, 2014, 11 (2): 143.

（Vicente Martí-Centelles）等[①]的研究成果类似，即实体游戏能够有效提升学习者学习的专注度。根据具身认知理论的观点，认知不仅受个体心理的影响，还受个体情感、身体经验等的影响[②]。身体参与的学习活动能更好地维持学习者学习的专注度[③]。与数字游戏学习相比，实体游戏学习为学习者提供了更多身体参与学习的机会，如触摸、旋转和移动不同物理实体（即激光发射器、反光镜、障碍物等游戏组件）的体验。这些物理实体的操作可能会降低学习者闯关的速度，但也因此为学习者创造了更多的对话空间，包括与他人对话的空间（主要体现为与教师、学习同伴的交流与讨论）和自我对话的空间（主要体现为自我反思的空间）[④]。在本研究的实体游戏中，学习者挑战时需仔细观察组件各面的功能并确认本次挑战中将使用该组件的哪一面，然后将其放入网格棋盘中，通过反射改变光线方向以击中目标体，每一步都需要学习者集中注意力完成。可以说，实体游戏通过引导和支持学习者在行动中反思，能够更好地维持学习者的注意力。与之形成对比的是，在数字游戏学习过程中，学习者只需要点击并拖动游戏方块至正确的位置即可完成挑战。这一操作过程远比实体游戏的操作过程简单、轻松和快速，容易导致学习者沉浸在闯关行动中而来不及思考和反思游戏背后问题解决的逻辑。为此，数字游戏学习者比实体游戏学习者表现出更低的专注度。

---

① MARTÍ-CENTELLES V，RUBIO-MAGNIETO J. Chemmend：a card game to introduce and explore the periodic table while engaging students' interest[J]. Journal of Chemical Education，2014，91（6）：868-871.

② WILSON M. Six views of embodied cognition[J]. Psychonomic Bulletin & Review，2002，9（4）：625-636.

③ YU C. Linking words to world：an embodiment perspective[M]// SHAPIRO L. The routledge handbook of embodied cognition，New York：Routledge，2014：157-167.

④ RANZIJN R，MCCONNOCHIE K. Teaching "intercultural diversity and indigenous psychology"：the talking stick as a strategy to manage student discomfort around difficult issues[M]// MCCARTHY S，CRANNEY J，DICKSON K L，TRAPP A，et al. Teaching psychology around the world. Cambridge，UK：Cambridge Scholars Publishing，2012：15-29.

❷ 实体游戏比数字游戏更有助于调节学习者的认知负荷

关于认知负荷，本实验研究发现基于数字游戏的学习与基于实体游戏的学习给学生带来的内部认知负荷无显著差异。鉴于内部认知负荷是由学习材料本身的复杂性和难易程度所决定的，结合本实验的研究结果可以推断，数字游戏和实体游戏在游戏内容和规则上是基本一致的。换句话说，这两种学习材料的内在复杂性基本相同。

外部认知负荷是超越内部认知负荷的额外负荷，它主要是由设计不当的教学引起的。本研究发现，与实体游戏相比，数字游戏给学习者带来了更高的外部认知负荷，且二者之间存在显著性差异。一些研究表明，数字游戏学习环境可能会因缺乏足够的学习支持、信息超载或交互设计弱等而给学习者造成过重的外部认知负荷①②③。一方面，本研究所用的数字游戏为英文界面，在一定程度上给学习者尤其是英文水平较低的学习者造成了游戏理解上的困扰，导致学习者外部认知负荷的增加。另一方面，本研究所用的数字游戏缺乏一定的游戏说明，特别是缺乏对相关游戏组件的介绍，学习者需要自行探究和验证不同组块的功能，这在一定程度上也加重了学习者的外部认知负荷。整体来看，数字游戏在设计上还存在较大的改进空间，需降低其外部认知负荷。

相关认知负荷是指与促进图式构建和图式自动化过程相关的负荷。为促进有效学习的发生，在教学过程中应尽可能减少外部认知负荷，增加相关认知负荷。本研究表明，实体游戏学习者产生的相关认知负荷显著高于数字游戏学习者。与数字游戏相比，实体游戏更逼真，更能引起学习者的共鸣，

① SCHRADER C, BASTIAENS T J. The influence of virtual presence: effects on experienced cognitive load and learning outcomes in educational computer games[J]. Computers in Human Behavior, 2012, 28 (2): 648-658.

② ANG C S, ZAPHIRIS P, MAHMOOD S. A model of cognitive loads in massively multiplayer online role-playing games[J]. Interacting with Computers, 2007, 19 (2): 167-179.

③ HUANG W H. Evaluating learners' motivational and cognitive processing in an online game-based learning environment[J]. Computers in Human Behavior, 2011, 27 (2): 694-704.

有助于引导学习者对游戏步骤背后的原理进行自我解释。荷兰开放大学帕斯（Fred Paas）等的研究认为，自我解释有助于学习者产生相关认知负荷，并进一步加深学习者对问题解决步骤的理解及所学知识的应用[①]。在本研究的实体游戏中，学习者可以产生更多的自我解释，从而增强他们对于不同组件操作步骤有效性、适用性的理解，而这将进一步促进学习者的知识建构和能力迁移。总而言之，实体游戏学习可以更好地促进学习从“上手”向“上心”转变，由此促进学习者内部认知图式与外部问题情境的有效匹配，进而产生更高的相关认知负荷。

三、建议：不同技术支持下具身交互促进学生科学概念习得的优化策略

如前文所述，基于具身交互的游戏学习在促进学习者的概念理解与知识建构、提高学习者的自我效能和学习成绩、调节学习者的认知负荷和维持学习者的注意力等方面发挥着重要作用。然而，不同技术支持下的具身交互在支持学习者科学概念习得的过程与结果上略有不同。探讨数字技术和实体技术支持下具身交互对学习者认知过程与结果的影响，不仅要关注技术工具的物理操作，更要关注技术工具如何影响学习者的心理操作能力。对于心理操作能力，英国诺丁汉大学曼彻斯（Andrew Manches）等指出，数字工具能够帮助学生更好地感知整体和部分的关系，实体工具则能够让学生感知可换性（commutativity），即子部分之间功能或位置转换[②]。为提高不同技术支持下具身交互促进学生科学学习的效果，本研究提出如下建议。

（一）数字技术支持下具身交互促进学生科学概念习得的优化策略

数字技术在支持学习者具身学习上扮演着重要角色，尤其是在构建具身的学习环境（如虚拟现实教学环境）、开发具身的教学工具（如智能教

---

① PAAS F，VAN GOG T. Optimising worked example instruction：different ways to increase germane cognitive load[J]. Learning and Instruction，2006，16（2）：87-91.

② MANCHES A，O’MALLEY C，BENFORD S. The role of physical representations in solving number problems：a comparison of young children’s use of physical and virtual materials[J]. Computers & Education，2010，54（3）：622-640.

鞭）等方面。荷兰鹿特丹伊拉斯姆斯大学鲍夫（Wim T. Pouw）等依据具身认知理论指出数字技术支持下具身交互设计的两个重点：硬约束（hard constraints）和软约束（soft constraints）①。硬约束指数字教学工具功能特征决定的交互方式；软约束指这些特征在学习者行动过程中如何提供可能性，即可供性（affordance）。

在硬约束方面，数字技术支持下的具身交互应尽可能地向物理体验靠近，从而向学习者提供更多的知觉信息，增强学习者数字环境中的身体参与感。例如，相比于鼠标、键盘等设备操作的数字教学工具，触摸屏就保留了一定程度的物理交互，有助于学生在数字化环境中获得更多知觉方面的信息②。在软约束方面，数字技术支持下的具身交互应为学习者提供更多的操作选择性和友好性，以降低学习者的外部认知负荷，提高相关认知负荷。例如，相比于单纯提供按键操作的系统，同时具有界面操作和按键操作的系统就给学习者提供了更高的可靠性、灵活性和便捷性，有助于学习者获得更好的上手体验。

从具身认知的视角来看，一方面要给学习者提供更多上手或上身的机会，另一方面还要给学习者提供更好的交互体验，以增强学习者的在场感。人的在场体验不仅来自感觉器官直接产生的亲身体验，还来自以技术工具为中介间接获得的具身体验，以及人因身处某一场景而产生的心理体验。为有效增强学习者的在场体验，就需要构建一个具有现实世界的感官性能、稳定且连贯的学习环境，即要根据人的知觉特点和技术的具身性质合理设计学习环境的视觉空间、听觉空间、感触阻力和压力等③。以本实

① POUW W T, VAN GOG T, PAAS F. An embedded and embodied cognition review of instructional manipulatives[J]. Educational Psychology Review, 2014, 26（1）: 51-72.

② DE KONING B B, TABBERS H K. Facilitating understanding of movements in dynamic visualizations: an embodied perspective[J]. Educational Psychology Review, 2011, 23（4）: 501-521.

③ LOOMIS J M, BLASCOVICH J J, BEALL A C. Immersive virtual environment technology as a basic research tool in psychology[J]. Behavior Research Methods, Instruments, & Computers, 1999, 31（4）: 557-564.

验的数字游戏为例，除了要缩小操作组件与现实物体结构特征的差异，赋予学习者更真实、强烈的知觉体验，进而通过关联已有知识经验加深对所学内容的理解，还要增强学习者身体参与游戏的机会，进一步丰富操作的手感层次，以具身的交互维持学习者的学习专注度，从而提高问题解决的能力与速度。

（二）实体技术支持下具身交互促进学生科学概念习得的优化策略

不得不承认，数字技术支持下的虚拟在场打破了物理肉体的束缚，尤其是随着虚拟现实、增强现实、全息投影、仿真模拟等数字技术的兴起，人的在场方式发生新的变革。有效融合数字技术与实体技术的独特优势，提高学习者的具身体验至关重要。与数字技术相比，实体技术支持的具身交互在增强学习者的物理在场感方面具有更大优势，但在心理在场感的构建方面还存在优化空间，设计不当容易造成“身在心不在”的现象。为此，除了要在物理交互（主要体现为身体与外部环境的互动）上增强学习者身体参与知识建构的积极性，还要在心理交互（主要体现为大脑与身体的互动）上提高学习者心理参与知识建构的能动性。

为提升实体技术支持下具身交互的质量，促进学习者经验建构由“上手”向“上心”转变，必须加强反馈机制的设计。研究表明，不同的反馈机制会对学习者的学习过程与结果产生不同的影响，教育游戏中的反馈有助于减少学习者冗余的认知过程，并帮助学习者纠正各种理解上的错误①。尤其是像随机性响应、分步骤提示等类似的形成性反馈（formative feedback），不仅能够减少学习者对自身当前行为的不确定感，使其产生更高的学习动机和更佳的学习策略，还能有效降低学习者的认知负荷，使其专注于当前学习任务②。有研究证实，经常性的反馈（regular feedback）有助于促进学习者积极主动地加工

---

① CLARK R E, MAYER R E. E-learning and the science of instruction[M]. San Francisco: Jossey-Bass, 2008.

② SHUTE V J. Focus on formative feedback[J]. Review of Educational Research, 2008, 78（1）: 153-189.

教育内容，进而提高学习者的学习动机[①]。在本研究中，实体游戏的反馈相对滞后，学习者无法实时看到每走一步镜面反射的效果，只能在头脑和棋盘中不断模拟和推理光路的走向，一定程度上影响了学习者挑战的积极性。因此，提高实体技术支持下交互的响应速度和反馈精度至关重要。此外，鉴于解释性反馈（explanatory feedback）在提升学习者学习效果上发挥着正向作用，进一步在实体技术支持的具身交互中嵌入解释性说明，引导学习者边做边学、边学边用也很重要。

在实体技术支持的具身交互中，除了要给学习者提供多样化的反馈之外，还要为学习者创设自我反思的空间，促进学习者在行动中反思、在反思中进步。研究表明，基于生活世界的反思性实践有助于促进学习者知识经验的建构[②]。尤其是针对反馈信息或评价结果的反思，不仅有助于学习者及时调整学习策略实现问题解决，还有助于深化学习者对所学内容的认识和理解，促进创新学习成果的产生和转化[③]。例如，在具身交互过程中嵌入适当的引导性问题就被证明是一种促进学习者自我解释和自我反思的有效方式，这种反思将对学习者的学习绩效起到显著的正向作用[④]。本研究中实体技术支持的具身交互就缺乏激励学生行动中反思、反思中实践的相应机制，为进一步增强具身交互的效果，就必须在学习者与学习环境的交互过程中嵌入适切的目标性、引导性、阶梯性和启发性问题，帮助学习者在交互中反思和探究科学原理，实现科学概念的有意义习得。

---

① ERHEL S, JAMET E. Digital game-based learning: impact of instructions and feedback on motivation and learning effectiveness[J]. Computers & Education, 2013(67): 156-167.

② EKEBERGH M. Lifeworld-based reflection and learning: a contribution to the reflective practice in nursing and nursing education[J]. Reflective Practice, 2007, 8(3): 331-343.

③ TRAUTH-NARE A, BUCK G. Using reflective practice to incorporate formative assessment in a middle school science classroom: a participatory action research study[J]. Educational Action Research, 2001, 19(3): 379-398.

④ O'NEIL H F, CHUNG G K, KERR D, et al. Adding self-explanation prompts to an educational computer game[J]. Computers in Human Behavior, 2014(30): 23-28.